下一站

李家同－著
恩佐－圖

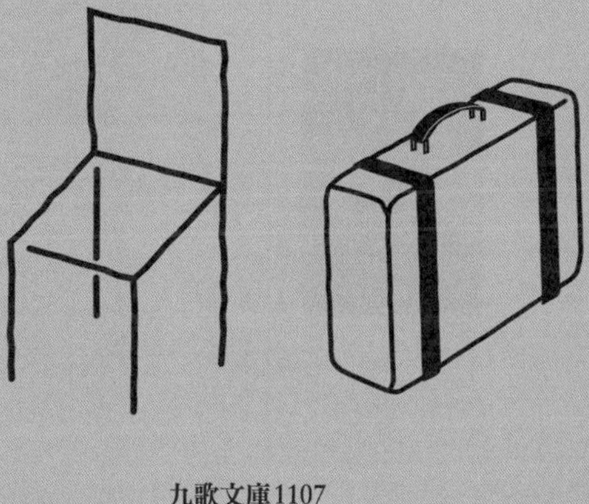

九歌文庫1107

目錄

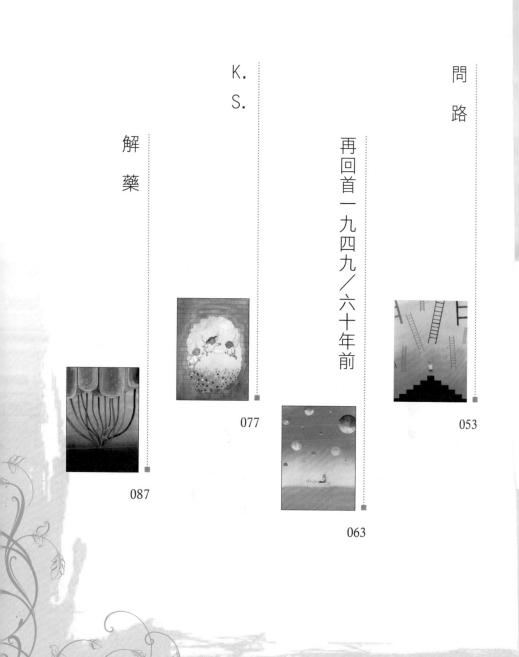

下卷　孩子，你不錯

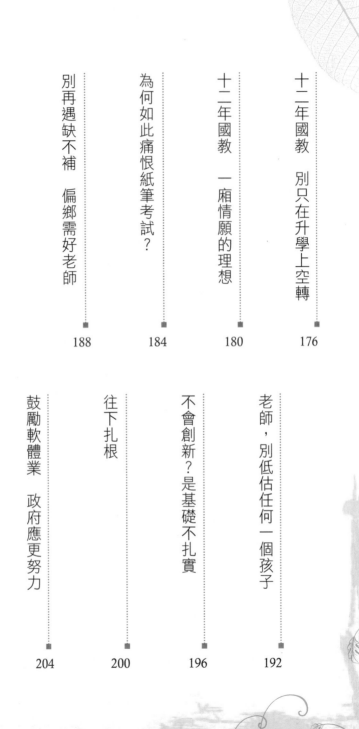

後記

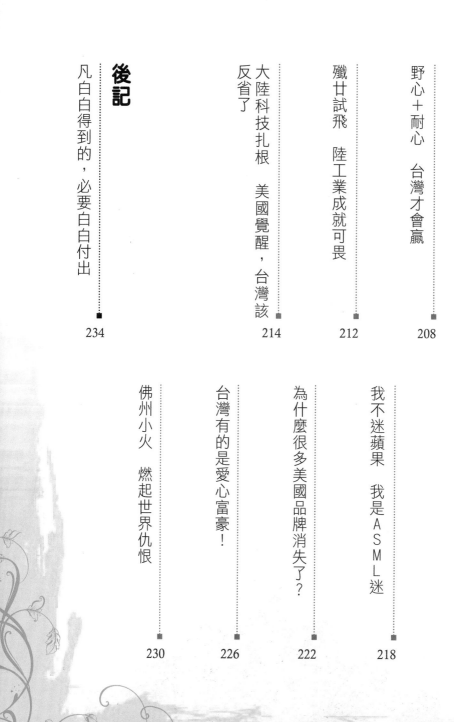

枯藤，老樹，昏鴉（代序）

李家同

三年前，我從暨南大學退休，教授退休，學校一定會有一個「歡送」會，很快樂地將一位老教授送出校門。我當然也有這個榮譽。在退休儀式中，我要致詞，我詢問我的學生致詞時該說些什麼，有一位學生說，你已七十歲，年紀不小了，所以我建議你不妨說以下的一段：

When I am dead, my dearest,
Sing no sad songs for me;
Plant thou no roses at my head,

Nor shady cypress tree:
Be the green grass above me
With showers and dewdrops wet;
And if thou wilt, remember,
And if thou wilt, forget.

這段詩的大意是：「如果我死了，不要為我悲哀，也不要為我造講究的墓，只要將我埋於青草之下，讓雨水和露水滋潤我，如果你願意，不妨記得我，但你如果選擇忘掉我，我也無所謂。」我這個學生是說著玩玩的，沒有想到我真的在儀式中念了這段詩，把我的學生嚇出一身冷汗，哪有學生敢提醒老師應該注意年歲已大，該準備墓誌銘了。

退休以後，我又有一個問題，名片上該寫什麼頭銜？一開始我寫了三所大學榮譽教授的頭銜，後來越想越不對勁，因為總不能一輩子用這些頭銜，萬一已經老糊塗了，還好意思自稱為榮譽教授嗎？所以我在新的名片上就不寫頭銜。我有一位可惡的學生看到了，建議我用「枯藤　老樹　昏鴉」作為我的頭銜，我本來想採用的，可是又怕有一天會觸景傷情，也不太好，而且我認為我已退休，成天在家，用名片的機會會越來越少，也就根本不該管這個名片該怎麼設計了。

但是，我絕非枯藤，老樹，昏鴉，如果我是的話，我的那位寶貝學生大概也不會如此說，雖然我已不是正式的教授，我仍然對很多學問極有興趣。很難想像的是，我還在研究類比線路設計。

如果我是枯藤，老樹，昏鴉，九歌出版社怎麼會要出版我的書，當蔡文甫先生告訴我要出版我的書的時候，我的確受寵若驚，也免不了「老人得志」一番。

如果有人問我，我寫的故事是怎麼來的，那我要講，有一次，我坐火車到南部去，隔壁坐了一位女士，帶了一個極為頑皮的小男孩，這個媽媽被頑皮的兒子鬧得不可開交，就把這個小孩介紹給我，這個小孩就跑到了我的身上，不久也就睡著了。在車上我就看到一則新聞，講到一些富人每年所賺的錢，那真是天文數字。可是我想到，他一定有一個問題，那就是他如果又增加了十億台幣，恐怕他的財務報表上仍然沒有什麼重大的變化，豈不可憐？我覺得一個人如果盲目地只追求財富，就如同一個人在火車上一直往前走，永遠不知道下一站是什麼，回來以後，我就寫出了〈下一站〉。

有一次，我到台東鄉下的一所學校去演講，這所學校大概只有四五十位學生，可是那裡的老師看起來都非常認真而且熱心教學，學校門口就有一條大路，一頭通到台東市去，一頭就通入了我完全不清楚的山區。據說，可以從這條路走到西海岸，可是我想，很少人會走這條路，只是我知道山上有人住，那天我在黃昏的時候離開學校，這條公路上幾乎只有我們一部車，也有小孩子走路回家，〈問路〉這個故事就是這樣想出來的。裡面有談到兩位老師，這兩位老師的描寫是因為我在這一所偏遠的小學裡，看到了這一種熱心的老師。

兩年以前，大家都在談一九四九年，我才想起這是大陸淪陷的那一年，我這個人生在上海，生下來的時候，上海在日本人的占領之下，不久，一天晚上我已經睡覺，忽然聽到弄堂裡人聲嘈雜，還有鞭炮的聲音，我們兄弟三人都在夢中驚醒，也都有點兒害怕，我記得媽媽走來告訴我們，日本投降了。我也記得，上海以萬人空巷的情況歡迎蔣委員長回到上海，可是，幾年以後，有一天，我爸爸到學校來接我回家，因為他說我們家隔壁湯恩伯將軍的守衛忽然不見了，爸爸知道大勢已去，共產黨軍隊要進入上海了，所以在短短的十年內，我經歷了三個政權，有這種福氣的人不多，好在我最後到了寶島台灣。〈再回首一九四九／六十年前〉就是這樣寫出來的。我很想告訴年輕的讀者們，你們有多幸運，而我也是幸運的，因為我可以在台灣過安定的生活。

我曾經念過泰戈爾的一首詩，大意說，「當河水流過的時候，河床的沙石很可憐地向河水說，你可以往前走，可是我們是跛腳的，我們沒有辦法前進，你能不能帶我走？」這段詩對我影響非常之深，我知道我一直生活得很好，可是，世界上像我這種幸運的人是不多的，和我比起來，很多人都是跛腳的，在我往前走的時候，我應該要攙扶他們一把，然後〈恍神〉的主要意思也是如此。

〈K.S.〉應該是一個非常特殊的文章，因為即使是英文的故事，也很少用縮寫的，我敢說，很少人能夠猜到K.S.是寬恕的英譯縮寫。我曾經問學生，你猜K.S.是什麼意思，這些庸俗的學生一概說，K.S.就是kiss。這個世界其實是一個充滿了仇恨的世界，仇恨當然因為不正義而產生的，可是正義絕對要建築在寬恕之上，我們年紀大一點的人，都常常會發現推翻了一個不講正義的政權，好像是一件好事，但是，往往被壓迫者變成了新的壓迫者，舊的不正義又被新的不正義取代了。

關於〈A、B、C錶〉，這個不是假造的故事，這是事實，我對這件事情永遠沒有辦法解釋，一個錶怎麼會在忽然之間快了幾個小時，而且都是在我將錶放在我家的一個抽屜裡時發生的，更奇怪的是，如果我不戴這個錶，這個錶就走得好好的，是我戴了錶以後，又放進了那個抽屜，錶才會忽然快了幾個小時。好在最近這個現象不再發生了。

最近我看了很多科幻電影，當然這些科幻電影往往提到外星人，令我感到不安的是，這些科幻小說都缺乏哲學思想，僅僅是打打殺殺而已。我曾經看過不少的科幻小說是有發人深省的想法，所以我就寫了〈解藥〉這個故事，故事裡說有一天，大批隕石掉到了地球之上，沒有想到不少讀者寫信來問，這是哪一天發生的，這個故事裡外星人的確入侵了地球，可是最後也拯救了地球。我自認為我的故事是比好萊塢拍的科幻電影故事要好得多。

關於〈我的恩師〉這篇文章，主要是要鼓勵大家多問，法國的哲學家伏爾泰說，評斷一個人不要從他的回答來評斷，而應該由他的問題來評斷。可是，我們整個社會其實是不鼓勵學生發問的，我們教給他一些學問，也不管他到底懂了沒有，一概要他們背下來應付考試，這使得我們的學生從小就沒有好奇心，小時候的一些好奇心，也慢慢被我們的教育制度所打擊，以至於大家一概沒有好奇心了，這是非常可惜的事。

我們常常喜歡鼓勵學生要有成就，其實這是相當困難的事，因為並不是每一個人都有偉大成就的，這是第一點。第二點，即使有人在事業上有些成就，如果他和歷史上最偉大的人來比，他又發現他不怎麼樣，所以我們有的時候實在不該過分地強調所謂的有成就。我的文章〈大師的傑作〉給這個有成就下了一個完全不同的定義，請各位看看。

有的時候我們在有意無意中，心中有一種階級觀念，我們會和某一種人聊天聊得很愉快，而不願意和我們社會地位不等的人聊天，我一直認為這是相當不對的，我們根本就應該從內心的深處不要有社會地位的觀念，〈多嘴的黃師傅〉就是這樣寫出來的。

至於〈同學會〉，這是我大膽的嘗試，我一直希望自己成為偵探小說作家，可是寫不出來，〈同學會〉是一個開始，令我訝異的是，有兩位讀者說他看不懂這篇文章，這實在使我有點憂心，因為的確國人有的時候無法了解一些需要推理的故事。

除了以上這些故事性的文章以外，我還寫了很多有關工業和教育的文章，這些文章有一個共同的理念，那就是我們一切要從基本做起。

先從工業談起，我們常常認為我們國家對於一個公司的評價，幾乎是看它的營業額的大小，而不太注意這家公司有沒有掌握住關鍵性的技術，更沒有評估這家公司的技術是否高人一等。我們是一個工業國家，我們當然希望我們有很多公司能夠生存得非常久，也不將工廠設到大陸去，這種公司才是值得我們讚揚的公司，有的時候，我們似乎忽略了這一點。

最近，歐巴馬總統在卡內基麥隆大學宣布了他提升美國製造業技術的方案，這個方案顯示歐巴馬總統是相當注意美國的工業技術的，他也宣布了政府要合作的一些科技公司，我在這裡不能列出所有的公司，說實話，列出來了恐怕國人也不熟悉，內行人一眼就知道這些公司都握有相當高級的技術，其中有好幾家都已經存活了超過一百年之久。也許我們應該看看，超過一百年的科技公司有什麼樣的特色。

現在，我舉一個例，這是日本的一家公司，一九一〇年成立的時候，他們的產品是五匹馬力的發動機，但是一九二四年就出產了電車的車廂，一九六四年推出了高速鐵路的車廂；一九六一年他們完成了實驗型核子反應爐，一九七四年470000KW核子電廠供電；一九七四年全套半導體製程完成，一九七七年推出胺基酸分析儀器，一九七八年推出電子顯微鏡。我們可以看出來，這家公司之所以能長久的生存，是因為他們的確投入大量的時間與金錢來做研究，我們不妨再仔細看他們的核子反應爐，我們可以想見的是，在實驗型核子反應爐推出以前，這個公司恐怕已經花了十年的工夫才推出，可是真正能夠商業化，卻又等了十三年之久。我們的結論是，一個公司如要長久地生存，絕對不能炒短線，而要有野心和耐心，只有如此才能握有高級的技術，不怕別人的挑戰。

我們常常羨慕一些看上去非常有創意的所謂科技公司，他們的產品會在世界上引起轟動，但我們必須承認他們的產品往往會有山寨版，山寨版當然比不上那家公司的產品，但也幾乎可以以假亂真。試想，波音公司所推出的新型客機，世界上會有山寨版嗎？美國有一些醫藥產品的公司，也幾乎是沒有山寨版的。我們國家就是要注意我們有沒有這種不會害怕山寨版的公司。

對於很多人來說，問題的解決非常簡單，只要有創意就可以了。那家日本公司絕對不是世界上第一個有核子反應想法的公司，但是他們有不錯的物理學家和不錯的工程師，經過長時間的努力才做出來實驗型的核子反應爐，因此我的文章只有一個建議，那就是我們應該好好地打好基礎，不要僅僅將創意放在嘴邊。我們的工業基礎是很薄弱的，很多外國的精密儀器是我們做不出來的，並非我們沒有創意，而是我們根本不會設計裡面所需要的電路和機械。往下扎根乃是唯一的一條路，如果我們不能往下扎根，我們的工業技術永遠不會往上提升的。

我國的教育應該說是不錯的，但是也有改良的空間，為什麼呢？我始終認為我們沒有從基本做起，我們看到很多的大學生程度很差，就會要求加強高中的教育，其實高中生程度不好，乃是因為他在國中就沒有學好，為什麼他在國中沒有學好，乃是因為他在小學的時候也是沒有學好。可是，我們往往沒有能夠想到，為什麼一個孩子在小學沒有學好，尤其是弱勢家庭的孩子，他們往往功課非常落後，國人很少人願意研究為什麼弱勢家庭的孩子功課不好的原因，至少我很少聽到大家談論這個問題。

我在這些文章中，常常提出一些我的想法，遺憾的是，我的想法往往未能進入主流的想法，我注意到我們整個國家對於教育的看法是根據一個原則，那就是從台北看天下，所以大家不了解國家有一個很大的所謂教育上的差距，當然也就沒有興趣來縮小這個差距了，這實在是一個令我感到難過的事情。有的時候我到鄉下去，看到我們的國中生這個也不會，那個也不會，實在是痛心之至，問題是這些孩子真的教不好嗎？一切都是他們的錯嗎？我認為孩子學不好，我們大人要負很大的責任，我們的教法實在是很有問題的。

我當然無法在此仔細地提出我對教育的看法，我想講一件事，大家就會明瞭的，我念成功中學的時候，全班同學對於一元一次方程式都不覺得有問題，可是現在很多孩子學不會一元一次方程式，原因很簡單，我念成功中學的時候，是考進去的，表示我們對於數學都有一定的基礎，可是現在的國中是免試升學的，很多同學在小學時候的數學基礎就沒有打好，有很多孩子對數學的吸收力是很弱的，但是我們的政府強調常態分班，所以程度好的學生和程度差的學生混在一起，聰明的學生和不聰明的學生也混在一起，用同樣的教科書，考試的時候，用同樣的題目，我們可能教得好那些程度不好以及不夠聰明的孩子嗎？

我個人不僅僅教大學生而已，我也教很多的小學生以及國中生，我的經驗是，任何一個孩子都可以學得不錯的，問題在我們有沒有真正地關心他們，有沒有實施因材施教，有沒有從基本的地方教起，有沒有常常給他們所需要的鼓勵？

我在此謝謝九歌出版社肯出版我的書，更希望大家了解，從基本做起乃是一件重要的事。

——二〇一一年十二月

上卷

大師的傑作

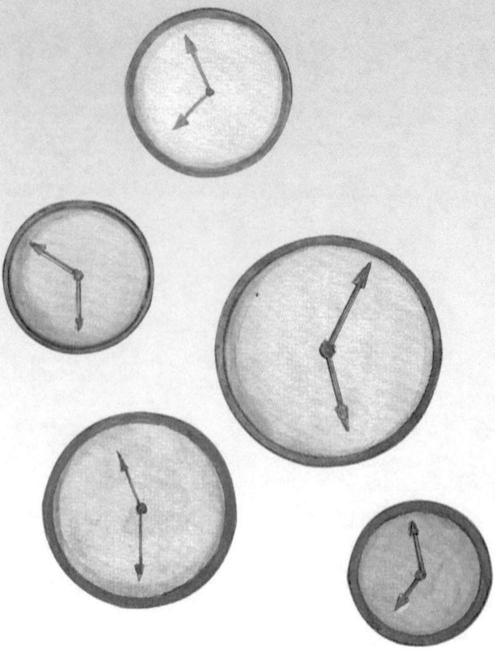

A、B、C錶

有一件事是我一直感到困惑的，那就是為什麼三支錶都會慢或快一小時左右。這三支錶事實上沒有造成我任何損失，它們究竟要送什麼訊息給我呢？

最近，我看了一部影集，偵探是Mr. Monk。大偵探看了現場以後，發現現場的鐘快了幾小時之久，這成了大偵探破案的重要線索。電影裡的殺人凶器是磁鐵，磁鐵出現，鐘的時針和分針都會大亂，當時我就有點緊張，因為我和磁鐵似乎有點關係。

話說我過去一直用一支錶，我們可以將它稱之為A錶，這支錶一直走得很好。但大約一年以前，它會忽然慢一小時左右。比方說，現在是六時二十分，而這支錶是五時十五分。但奇怪的是它雖然慢了一小時，現在又走得完全正常。

有一次，我和我的學生陳奎昊開車到埔里去，出發的時候，我看了一下錶，是七時十分。奎昊也看到我看錶的，而且也聽到我念七時十分。一個多小時以後，我們到達草屯的一家萊爾富便利商店吃早餐，我又看了我的錶，令我大吃一驚的是，我的錶指在七點二十分，好像從新竹到草屯，只開了十分鐘。正確的時間是八點半左右，我的錶慢了一小時十分鐘。這次，奎昊看到了。由於開車離開新竹的時候，我的錶是正確的，在車上的一個半小時內，難道我的錶停了整整一小時十分鐘，然後又恢復正常走動？當然還有一個可能，那就是我的錶的時針自動撥回了一小時十分鐘。兩者都是不可思議的。

我的太太提醒我還有一支錶，我們稱它為B錶吧。B錶是我女兒送的，錶面全黑，分針白色，時針一半紅，一半黑。必須仔細看，否則只看到了分針，看不到時針。有一天，我去高鐵車站搭七點半的車子，到了車站，看了一下錶，只看到了分針指在四十五分，把我嚇出一身冷汗，以為我遲到了。再仔細看時針，發現時針指在六時。當時正確的時間是七點二十分，B錶慢了四十五分鐘。

B錶以後慢了好幾次，每次都是一小時左右。不論A錶或B錶，慢了一小時以後，走動完全正常。這種情況，好像有人將錶的時針撥回五格。

有一天，好心的陳奎昊將我的A錶送到了一家在埔里的錶店檢查，店主問我有沒有睡磁性枕頭，我當然沒有。店主修了一下。我有一天在家裡發現這個錶完全停了，只好放棄這支A錶。我太太和我去大遠百買了一支Swatch錶，價值三千元台幣，是我有生以來買的最貴的錶。這是兩星期以前的事。我將此錶稱為C

錶。

A錶一直放在我的書桌上，五天以前，我太太發現A錶並未停，而是那撥時針的錶冠被拉出來了。我太太一口咬定是我這個糊塗老頭幹的好事，我有口莫辯。我怎麼會去做這種事？我太太將那支錶的錶冠恢復原狀，它就走得好好的。我立刻又戴它，因為我對它有點感情。一天以後，它又慢了半小時。我只好去戴C錶。C錶是全新的，絕不會出問題了。

今天（2008/08/06）早上七時十分，我發現我的C錶快了一小時十分鐘。這件事，陳奎昊可以作證。他親眼看到的。

事已至此，我只好認了。C錶是支新錶，也會作怪，我想我再也不買錶了。

我的學生們知道我的C錶快了一小時十分鐘，議論紛紛。他們一致問我最近有沒有戴過B錶，我承認我已有好一陣子沒有戴B錶了，他們乘勝追擊，問我B錶有沒有出過問題，我又只好承認我每天都去檢查B錶，它一點問題也沒有。這些同學都不再問，因為事實證明，只要我不去戴它，它就好好的。

我的寶貝高足吳柏宏首先對此事表示意見，他用電子郵件向我說：「老師，你向來很有磁性，當然會出這種事情。」我在靜宜大學的高足黃其思也如此說：「老師，你年輕的時候，沒有出過這種事情。老了以後，才有這種事情，可見有些人，越老越有磁性。」我還有一位綽號叫作「歐弟」的學生，他的意見更有趣了，他說：「老師，以後你戴錶以後，就不要講話，因為你的聲音太有磁性。」

我已七十歲，人老了，就喜歡聽這類令人飄飄然的話。說實話，我真的不知道我的三支錶為何行為如此怪異，但我今天卻開始有點相信，也許我真的有些磁性。我常常想，為何B錶最近一切正常？還不是因為我沒有去戴它的原因。

有一件事是我一直感到困惑的，那就是為什麼三支錶都會慢或快一小時左右。如果它們要整我，可以只差十分鐘，那我根本不會發現。我上課可能遲到，火車可能趕不上。它們差了一小時，我一定會發現。這三支錶事實上沒有造成我任何損失，它們究竟要送什麼訊息給我呢？

C錶的時針忽然快一小時，使我更加感到「我的時間不多了」。一定有人在提醒我，我該多多利用寶貴的時間，做一些有意義的事。我已看準了幾個小孩子，打算要教他們英文和數學，我可以想像得到他們未來的一臉苦相。我相信，只要我認真地教小孩子，我的三支錶就都會正常了。

恍神

有一天，我們問老張為什麼會恍神，在恍神的那一剎那，他究竟在想什麼？他說他其實什麼也沒有想，只是他會無緣無故地聽到一個聲音，說「你帶我走」。

我們每個人都有過恍神的經驗，有的時候我們在想一個問題，別人和我們說話，我們會完全聽不見。不過這種情況應該是不常發生的。

老張卻是一位經常恍神的人。我和他在初中時就是同班同學，他功課很好，老是領獎。每次在台上領獎，就會有兩秒鐘有一種茫然而且困惑的表情。因為這種表情呈現的時間極短，大家雖然注意到了，也沒有人去問他究竟是怎麼一回事。

書念完了，老張作了大學教授，我們大家都知道作教授不容易，要教書，又要做研究。可是老張卻沒有什麼多大的問題，他給我們的感覺是他有點運氣特別好，小的時候就聰明，念書沒有什麼困難。沒有想到的是，他做研究也沒有什麼問題，他很快地升到了正教授，又得到了好多的獎。

我們老朋友經常聚會，發現老張的老毛病沒有減輕。有一天，我們中間的一位實在忍不住了，直接了當地問他為什麼會恍神，在恍神的那一剎那，他究竟在想什麼？他說他其實什麼也沒有想，只是他會無緣無故地聽到一個聲音，說「你帶我走」。對老張來講，這句話毫無意義，因此他免不了會想一下這是怎麼一回事，因為得不到答案，也就算了。他沒有想到他從初中開始聽到這個聲音，現在已是中年，仍然會聽到這個聲音。

我們大家都代他擔心，因為我們都想到一部叫作《美麗境界》的電影，電影中的男主角納許是諾貝爾獎得主，極為聰明，但有幻聽的病，常會聽到莫須有的聲音。有一位老朋友因此建議老張去看看這方面的醫生。老張說他早就去看過了，但他們一致認定他沒有病。他們說幻聽的人不可能永遠聽到同一句話的。

又有一位朋友問他，是小孩還是成人的聲音？老張想了一下，說這是孩子的聲音。那位朋友問他是男孩還是女孩，他說男女都有。

我們又問他在什麼情況之下會聽到這個聲音，他說他曾經做了一下統計，發現在各種場合都會有，他領獎的時候，幾乎一定會聽到這種聲音。他看報、瀏覽網站或者看電視的時候，也會聽到。至於什麼節目，或者什麼新聞，他記不太清楚。可是他回想起來，他看ＢＢＣ網站新聞或者是ＢＢＣ電視新聞的時候，往往會聽到。

老張幻聽的情形，使得他太太有點害怕，她一直相信老張太喜歡做研究，所以常和老張開車到鄉下去玩。週末鄉下人不多，老張有時看到一所小學，就進去走走，他做夢也沒有想到，在這種偏僻的鄉下，他更會聽到「你帶我走」。

我們問他在什麼時候，他一定不會聽到。這點他也可以回答，他說他和家人親友在一起的時候，好像從未聽過，打網球的時候，從未聽過，做研究的時候，從未聽過，看偵探小說的時候，從未聽過。但是主日望彌撒的時候，會聽見，而且常常聽見。

我們都想不通這是怎麼一回事，但大家也不太擔心老張，因為他顯然知道他自己幻聽，而且他的幻聽似乎沒有對他有任何影響。

前些日子，我們大家到郊外去爬山，到了山腰，要走一段石階，才可以走到山頂。在山腰，我們看到了一個小男孩站在石階的起步地方，他走了一下，就停了下來，從他走路的姿勢來看，他是殘障的，雖能走路，但是一個跛子，他走路

的樣子實在很可憐，看來他很想上山，但大概是上不去了。老張二話不說，問他要不要由他扶他上去，小男孩點點頭，於是老張和小男孩打頭陣，我們都慢慢地爬上了山頂。山頂有一個可以休息的地方，老張安排小男孩坐下，讓他可以看到山下的美景。小男孩笑得好高興，也一再地謝謝老張。

我們要下山了，老張問小男孩要不要和我們一起下去，因為上山容易下山難，如果小男孩沒有人攙扶，是一定下不了山的。但是出乎我們意料之外的是，小男孩搖搖頭，說他還想看風景。

我們發現小男孩好像很堅決，只好自己下山了。到了山下，老張忽然問我們小男孩是否穿短褲，我們不約而同說他穿的是短褲。他又問，殘障的小孩會喜歡短褲嗎？這的確問倒了我們。然後，老張又問我們一個問題，孩子的腿是不是很粗壯？我們回想起來，結論是孩子的兩條腿又黑又粗壯，難怪他不要我們幫他下山。

但小男孩為什麼要騙我們呢？在路上，我們都在想這個問題，誰也沒有得到答案。到了晚上，我已上床睡覺，老張打電話給我，說他知道這是怎麼一回事了，而且他認為他以後再也不會恍神了。我當時睡意正濃，懶得聽他解釋，他也沒有解釋。

從此以後，老張不再恍神了。他也常常約不到，為什麼呢？他從那天起，就開始教一些弱勢孩子英文和數學。有一天，有一位富翁捐了一筆錢給他，他就一不做、二不休，成立了一個基金會，大規模地幫助弱勢的孩子。

老張告訴我們，他要開始走石階的時候，又聽到了「你帶我走」，他終於了解了這句話的涵義，他雖然一帆風順地在社會上越爬越高，但很多可憐的孩子其實是不可能像他一樣地往上爬的。因此他們向他求助，希望他能帶他們也往上爬，但他始終聽不懂。直到那一天，在山腰看到那位小男孩，他終於搞懂了「你帶我走」是什麼意思。

老張回想起來，每次他有得意的事情，就會聽到「你帶我走」，難怪他領獎的時候會恍神。除此以外，當他看到人類悲慘的新聞的時候，也會聽到。顯然有人在提醒他，不要自顧自的，也要幫助那些沒有他那麼幸運的人。

老張有一個小孩，小時常有數學的問題，每次老張都會替他解惑，上國中的時候，一開始英文有點困難，也是由老張夫婦指點一下，以後就沒有問題。老張還請了一位他的博士班學生做他兒子的家教，所以他的兒子念書很順利。

不僅此也，老張的兒子從小就有看書的習慣，老張夫婦常常出國旅行，兒子從小就知道一大堆別的孩子不知道的事情，現在兒子念很好的國立高中，已經學會了寫程式，可以看英文小說。老張並沒有把握他兒子一定會非常傑出，可是要在社會上爬上上層階級，一定是毫無問題的。

老張知道很多孩子沒有如此幸運，他們的父親沒有辦法教他們英文和數學，也沒有錢替他們請家教，更沒有錢送他們去補習班；他們不要說到國外去旅遊了，恐怕連島內很多地方都沒有去過；看書的習慣更加是沒有的。這種弱勢的孩子，要想在社會上往上爬，當然很困難。

老張下定決心，盡量地幫助一些弱勢孩子補習。他發現他的確是幫得上忙的，給他教過的孩子，功課都好很多。他所成立的基金會幫助的孩子就更多了，而最重要的是，他再也沒有聽到「你帶我走」的聲音。

前天，我去老張的基金會參觀，令我感到十分有趣的是一幅畫，畫中有一位成年人牽著一個小孩的手，走上石階，畫的下面寫了「我帶你走」四個字。老張曾經將很多菁英分子帶到了社會的高層，看來，他不以此為滿足，他要將很多弱勢的孩子推到社會較高的階層去。

下一站

一億元對很多人來說是一個大數目，但是對我而言，這只是一個零頭，賺了一億，或者賠了一億，都不是什麼大事。

我上了火車，就發現這節火車好熱鬧，我這才想起，長假快開始了，很多人拖兒帶女地回家，像我這種為了公事出差的只是少數。我是為了一筆交易而來的，我本來要在火車裡好好地想這筆交易該怎麼做，但是我現在似乎做不到了，因為那些小孩子在車廂裡跑來跑去，教我如何思考？

隔座坐了一位婦人，她帶了一個小男孩。這個小男孩老是對我笑，後來索性要我抱他，他的媽媽求之不得，一把就把他塞給了我。這位頑皮小孩對我的眼鏡極有興趣，後來，一不做，二不休，將我的眼鏡搶走了，我趕快把眼鏡搶回來。他又來搶我當時在看的文件，這也被我救了回來。小男孩無事可做，就在我身上睡著了，我發現他渾身是汗，我的胸口也全部濕掉了。看來，我是不可能再看那些有關交易的文件了，就決定也睡覺去。

醒來以後，發現自己在一個非常豪華的車廂裡面，我坐的椅子是可以倒下來的皮椅，椅子的兩邊都有一個小桌子，右邊的小桌子上有一盞檯燈，左邊桌子上是空的，椅子的後面有一盞立燈，我打開了立燈，發現可以看書，而我的交易文件就放在右邊的桌子上。

就在我有點困惑的時候，有一位身穿西裝的年輕人，端著一盤茶具和餅乾走了進來，他說：「李先生，這是下午茶。」下午茶的茶壺上全是玫瑰花，茶杯和盤子也都是以玫瑰花為裝飾。我喝了下午茶，年輕人再度進來收拾茶具和茶壺的時候，我忍不住問他：「這火車裡還有人嗎？」年輕人：「當然有，你的祕書張先生也在車上。」他指給我看一個按鈕，告訴我只要按一下這個按鈕，張先生就會來的。

張先生果真來了，他一來，就和我討論那一筆交易。我們主要的問題是要不要買下一家公司的百分之三十股票。我和張祕書討論了一下，發現我還需要一些資料，張祕書領我到隔壁車廂去，在那節車廂裡，有一張大的桃花心木書桌，書桌上有電腦，我用電腦找到了我要的資料，決定買下那一大筆股票。這場交易金額很大，張祕書提醒我要親自簽字才行。所謂簽字，當然是電子簽章，我簽了字以後，張祕書請那位年輕人送咖啡來，咖啡是用銀壺存放的，放奶精和糖的器具也都是銀的。

喝完咖啡，張祕書打開了電視，大螢幕上有一位電視財經新聞的主播正在播報一個最新的新聞。新聞說某某公司的股票忽然被一位神祕客看中，由於他的大量購買，這支股票大漲，他預料再過幾分鐘，這支股票就會漲停板了。就在這個時候，我接到我的財務長打來的電話，他認為我可以在二天以後把這支股票賣掉，最少可以賺進一億元。我請他將我的最新財務報表寄給我，他說他已經傳給我了，我可以在電腦上查到。我查了以後，發現財務長已經將這筆交易所能賺的錢寫進去了，但是我看來看去，發現好像沒有出現在我的財產中。正想問張祕書時，忽然想起，一億元對很多人來說是一個大數目，但是對我而言，這只是一個零頭，賺了一億，或者賠了一億，都不是什麼大事。

我有點煩惱，因為我好像是一個無用之人，做不出什麼事來。別人賺了一點錢，就會很高興，我賺了一億，卻沒有任何成就感。我當時有另一個問題，我問張祕書：這節火車究竟開到哪裡去？下一站是什麼？什麼時候可以到？張祕書說他不知道這節火車開往何處，他只知道鐵路是我訂做的，火車也是我設計的，只有我知道下一站在哪裡，其他的人都是替我服務的。我又問他，我能不能現在就要火車停下來呢？張祕書的話更驚人了，他說他沒有辦法使火車停下來，可是他卻教我向窗外看。

這節火車採用大片的玻璃窗，窗外如夢似幻的美景可以看得非常清楚，當時我們正行駛在一大片荒原裡，在我們的左邊遠處全是山，現在是冬天，所有的山頂上都覆蓋著白雪。這種風景，我好像從前曾經看過，但那次，荒野裡仍然可以看到稀稀落落的房屋，現在，窗外的荒野裡沒有任何房屋。太陽正下山，雖然山頂上的白雪被夕陽照了以後，看起來非常美，但我想，當太陽完全西沉以後，難道外面是絕對的黑暗？

我懂得張祕書的意思了，他的意思是說，即使火車可以停下來，我下了火車，要到哪裡去呢？沒有任何一座客棧，今夜我將投宿誰家？

張祕書帶我去看這節火車的其他車廂，果真是豪華無比，臥車和餐車以外，還有一節書房車，也有一節多媒體車廂。張祕書給我試聽了音響，又給我看了一架大螢幕的電視機。

張祕書告訴我，這種火車在世界上是少有的，他說大家都羨慕我在金融界呼風喚雨的能力。但是我不敢告訴他，我其實也不知道這部火車開到哪裡去。我真希望早一點到達下一站，但我絕不能到達一個黑暗而又沒有任何人的地方。我只知道我可以不停地增加財富，除此之外，我什麼也不能做。

閒來無事，我和張祕書決定一起看ＢＢＣ的世界新聞。ＢＢＣ正在播放一則新聞，世界上飢餓的人已經超過了十億。我忽然有了一個想法，我什麼都沒有，但有的是錢，我的錢已經多到了毫無意義的程度；因此我告訴張祕書，我要捐出大筆的財產給窮人，我要他替我草擬一個簡單的信，委託我的律師將這一大筆錢放入一個基金，這筆基金將由幾位著名的社會人士管理，他們不可以從基金中支取任何費用，基金的每一分錢都要捐給窮人。我的律師要負責替我找這些公正的社會人士。

張祕書在一個小時後就完成了這項任務，他也給了我那些董事的名單，果真都是相當有聲望的人，而且也絕對可靠。因為這件事牽涉到大筆財產的轉移，必須由我親自簽字，反正這都是由電子簽章完成的。張祕書在我簽字以前，忽然打了我一下。我被他嚇了一跳，問他為什麼打我，他說他要看看我是否在神智清醒之下簽字的，因為我有反應，他知道我是清醒的。我自己知道我是神智清醒的，我當時快樂得很，因為我忽然發現我是可以做些事的。

簽字以後，張祕書教我看窗外的景色，我注意到窗外有房屋了，因為天色已晚，這些房屋的燈光看得非常清楚，我還看到了一個學校的籃球場，有些男孩子在籃球場打籃球，我替他們感到非常高興，因為我小的時候，有時雖然也想在晚上去打籃球，卻因為球場沒有燈而作罷。這些孩子真幸運，他們的球場晚上燈火通明。

我注意到了另一件事：火車在慢下來。

張祕書對我說：「李先生，我們是不是該回到你醒來的那節車廂去？」我點點頭，又回到了那張皮椅上，張祕書又問：「李先生，你累了吧！」我點點頭，張祕書在一個水晶杯裡倒了水，從口袋裡拿出一顆藥丸，藥丸掉入水裡，引起一陣氣泡。張祕書將水放在茶几上，對我說，「我雖然知道火車如何能到下一站，但只有你本人能夠將火車停下來，我們只是你的隨從，無法替你作主的。」

張祕書離開了。我喝了水，睡著了。

醒來以後，發現那個小男孩仍然睡在我的胸前，他的媽媽拚命將他搖醒，因為他們快下車了。小孩的媽媽一再地叫小孩向我說再見，究竟他有沒有說，我已不記得了，但我記得他問我，「爺爺，為什麼你這麼高興？」我回答說：「因為我的下一站也快到了。」

問路

車子才開上公路，就看到了一個小孩子在路上走。我是駕駛，立刻在他旁邊停了下來，張老師將車窗搖下。我相信他正準備問這個孩子要到哪裡去，沒想到孩子先發制人，他說：「請問，天堂怎麼走？」

我一直都是玉里鎮鄉下一所小學的老師，來過我們學校的人，都會同意我們學校真是世外桃源。站在校門口，四處望去，看不到任何一棟房子，當然也看不到一個人；學校不遠處有一條東西走向的公路，往東走，可以走到玉里鎮上去，往西走，就會走到深山裡。公路在山腳下就斷了，要進入山裡，你必須走路，山路雖然不好走，還是有人住在深山裡。

二十年前，我還是個單身漢，我的同事張老師也單身。學校沒有宿舍，可是縣政府替我們單身老師在玉里造了一棟宿舍，我和張老師都住那裡，也同出同進。

有一天，我記得很清楚，是一個星期五，我們兩個人是最後離開學校的。車子才開上公路，就看到了一個小孩子在路上走，他穿的衣服很單薄，也沒有穿鞋子，因為正好寒流過境，他好像有點發抖。我是駕駛，立刻在他旁邊停了下來，張老師將車窗搖下。我相信他正準備問這個孩子要到哪裡去，沒想到孩子先發制人，他說：「請問，天堂怎麼走？」這個問題，我和老張面面相覷，不知如何回答。窗外寒氣逼人，張老師將後車門打開，請孩子進來，孩子也立刻進來了。

我們總算知道孩子為什麼要去天堂了。孩子的爸爸在他一歲就去世了，不幸的是，和他相依為命的母親在一個星期前也去世了，但神父教他不要難過，因為他的母親現在住在天堂裡。他曾問神父，天堂在哪裡？神父支吾其詞，不願明確地回答他的問題。今天下課以後，本來應該回到山上的部落去的，他卻沿著公路走向玉里去。他想，那裡比較熱鬧，而且有學問的人比較多，一定有人可以告訴他如何到天堂的。在路上，他也曾問過路人，但沒有人知道天堂在哪裡。

我們發現孩子住的地方好遠，開車到公路盡頭後，起碼還要步行一小時。我們是不可能今天送他回去了，就和他商量，今天晚上和我們住，明天我們帶他四處去問路，如果有人知道天堂在哪裡，我們一定會開車送他去；如果沒有人知道，我們也一定在天黑以前將他送回他阿姨家。我們問他要不要打個電話給他的阿姨，他說他阿姨現在在台北，不會知道他一個人到玉里去了。

張老師教我將車子開到一條玉里店最多的地方，幫孩子先買了襪子和鞋子，也替他買了一件厚夾克和一套換洗內衣褲。穿上厚夾克，孩子不再打哆嗦。大家都餓了，就帶孩子去一家西餐館吃飯，可以想見的，孩子很捧場，吃得很起勁。吃飯的時候，我發現孩子皮膚黑黑的，大眼睛，講話的時候會露出一嘴白牙齒，典型的原住民孩子模樣。

張老師客廳裡有一張沙發，也有乾淨的床單和厚被，替孩子打點好了，就勸他早點睡覺，因為走了這麼多路，一定很累了。孩子在睡前仍然做了一個簡單的祈禱，祈禱中沒有提到天堂，卻祈求天父降福我和張老師，因為我們是好人。我和張老師聽到了這個祈禱，都感覺很好；被人稱為好人，當然是一件愉快的事。

第二天，天還沒有亮，我被敲門聲吵醒。打開門，發現張老師慌張地站在門口，他說孩子不見了；可是有更怪的事，他堅持要我自己去看。我看了以後，真覺得不可思議，因為我們替他買的衣物全部都留下了，而且整理得好好的。張老師說這個孩子真是胡鬧，這麼冷的天氣，沒有厚夾克，又赤腳，絕對會感冒的。

還是我鎮靜，我教張老師不要慌，因為發現孩子留了言，書桌上有孩子的一

封信，信上說：

李老師、張老師：

謝謝你們。

我餓了，你們給我東西吃；我渴了，你們給我水喝；我無家可歸，你們收容了我；我沒有衣服穿，你們給我衣服穿。

凡是替我最小兄弟做的，就是替我做。

你們現在就在天堂裡，將來也會永遠在天堂裡。

這封信沒有簽名，但是有以下的英文字：

Mathew，25/31.

我們兩個人不知道這個英文字是什麼意思；我們知道隔壁的陳老師是教英文的，也管不了是否仍在睡大覺，硬把他從床上拖了起來。陳老師一看就知道這一段話典出何處，他打開了《新約聖經》，翻到〈馬太（Mathew）福音〉第25章31節（25/31），這一段話是如此說的：

當人子在自己的光榮中，與眾天使一同降來時，那時，祂要坐在光榮的寶座上，一切的民族，都要聚在祂面前；祂要把他們彼此分開，如同牧人分開綿羊和山羊一樣：把綿羊放在自己的右邊，山羊在左邊。那時，君王要對那些在祂右邊的說：我父所祝福的，你們來吧！承受自創世以來，給你們預備的國度吧！因為我餓了，你們給了我吃的；我渴了，你們給了我喝的；我作客，你們收留了我；我赤身露體，你們給了我穿的；我患病，你們看顧了我；我在監裡，你們來探望了我。那時義人回答祂說：主啊！我們什麼時候見了祢飢餓而供養了祢，或口渴而給了祢喝的？我們什麼時候見了祢作客，而收留了祢？或赤身露體而給了祢穿的？我們什麼時候見祢患病，或在監裡而來探望過祢？君王便回答他們說：我實在告訴你們，凡你們對我們這些最小兄弟中的一個所做的，就是對我做的。然後祂又對在左邊的說：可咒罵的，離開我，到那給魔鬼和他的使者預備的永火裡去吧，因為我餓了，你們沒有給我吃的；我渴了，你們沒有給我喝的；我作客，你們沒有收留我；我赤身露體，你們沒有給我穿的；我患病或在監裡，你們沒有來探望我。那時，他們也要回答說：主啊！我們幾時見了祢飢餓，或口渴，或作客，或赤身露體，或有病，或坐監，而我們沒有給祢效勞？那時，君王回答他們說：我實在告訴你們，凡你們沒有給這些最小中的一個做的，便是沒有給我做。這些人要進入永罰，而那些義人卻要進入永生。

我一直到現在仍無法形容我和張老師當時的反應，雖然陳老師一再追問我們，這是怎麼一回事？我們都沒有立刻回答他。我記得我有點兩腿發軟，找了一張椅子坐下；張老師不發一語，對著窗外發呆，然後用袖子擦乾了眼淚，將整個故事告訴了陳老師。陳老師聽了故事以後，只說了一句話：「你們真是有福分的人。」我這時忽然想通了一件事，為什麼孩子的祈禱，是向在天上的父親祈禱？我必須承認，當初我和張老師被分發到如此偏遠的地方，並非我們的第一志願，但是這件事以後，我們都歡歡喜喜地留在這裡工作，從未想離開過。我們忽然發現這裡好多孩子在寒流來的時候，沒有厚夾克，我們會買夾克送他們。近年來，有好多公益團體捐錢給我們，我和張老師說服了校長，替全校學生每人設立了一個帳戶（全校只有三十位左右的學生），同學需要幫助，就從這筆錢支付。所以我們的孩子從來不用擔心營養午餐和學雜費。去作家庭訪問的時候，發現孩子沒有厚被蓋，我們會買睡袋送他們。最近，玉里鎮的一個單位要換床墊，我們爭取到了那批舊而可用的床墊，現在庫存在學校裡，已經送了一批給需要的孩子們。

當政府宣布小學生也要學英文的時候，我和張老師就努力地讀英文，我們孩子的英文雖然比不上城裡最好的，但絕對超過附近學生的平均水準。

我們都不會離開這所偏遠學校的。誰會離開天堂呢？

如果有人再問我天堂在哪裡，我可以回答他的。

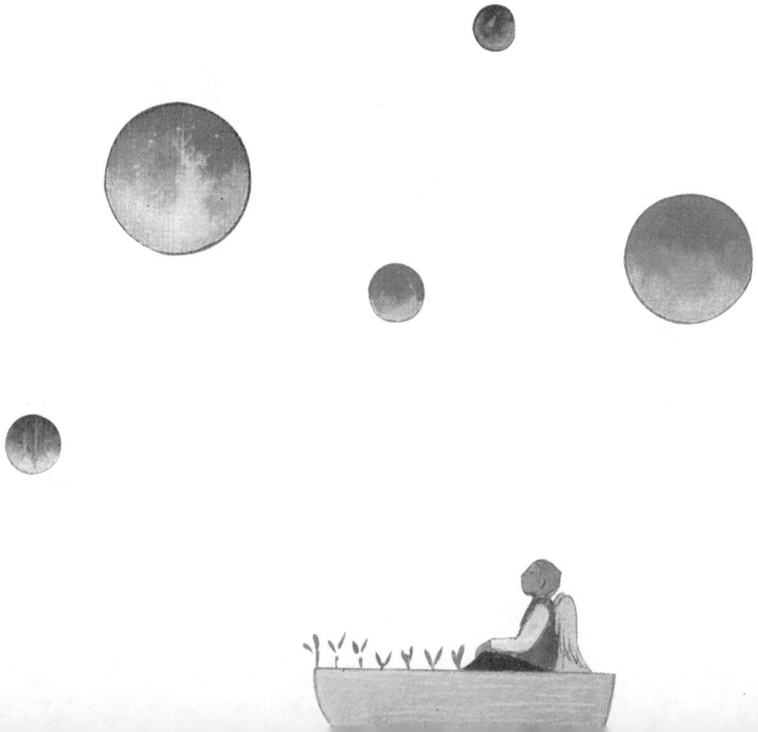

再回首一九四九／六十年前

我是民國二十七年生的，生於上海，所以我小的時候，是生活在日本人的統治之下。我親身經歷日本投降、上海回歸國民政府。但誰也沒有料到，幾年以後，我又被共產黨統治了。

前些日子，我到清大圖書館的展覽室看展覽，展覽品全是有關一九四九年政府遷台的文件，進門就可以看到一封蔣中正先生寫給湯恩伯將軍的信，我覺得這封信好有趣，我的學生們卻沒有一個知道湯恩伯是何許人也。可是當我事後告訴他們我如何知道湯恩伯的，他們卻又對我的童年往事極有興趣。

我是民國二十七年生的，生於上海，所以我小的時候，是生活在日本人的統治之下。我親身經歷日本投降、上海回歸國民政府。但誰也沒有料到，幾年以後，我又被共產黨統治了。最後，在我十三歲那年，到了台灣。我相信，像我這種身經三種政權的人應該不多了。

我上小學的時候，都是走路上學的。回家時，好幾次碰到「封鎖」。所謂封鎖，乃是將整條街封起來，由日本兵和當時的警察挨家挨戶地搜查效忠中國的志士。為了要搜查得徹底，他們往往將住戶全部趕到了街上，上海的街道不寬，可以想見路上擠滿了人，有些老人最可憐，他們想坐下，卻又無空間給他們坐。對我們小孩子而言，這叫有家歸不得，因為我們不太知道如何繞遠路回家。

一年級的時候，我們的級任老師忽然失蹤了，校方派了一位老師來代課。我們發現老師們在交頭接耳地討論，個個面色凝重，我們雖然是小孩子，也知道她一定是被日本人抓去了。還好，她不久又回來上課，也憔悴了好多。我們同學一夜之間變得好乖，誰也不願意傷老師的心。

我小的時候住在一個弄堂裡，弄堂口有一個攤子，賣些雜貨，我的記憶裡，攤子旁邊有一個好老好老的日本兵，他的責任應該是監視我們，可是他已是老到掉了牙了，任何一個弄堂裡的人都可以將他一拳打倒。他在那裡是毫無作用的。現在回想起來，日本政府已經將年輕人都徵去當兵了，最後，只好將老人也抓來充數，但老人實在不能打仗，只好看看弄堂。這個日本老兵好像很喜歡我們小孩子，老是對我們小孩子笑，大概很想和我們玩。我們當然和他沒有什麼來往，畢竟他是日本人，而且又不會中文。

在大戰快結束的時候，我們發現有些高年級的學長（其實也不過是六年級的學生）會聚在一起談天，我們小鬼們過去偷聽，有一次偷聽到了原子彈這個名詞，可是不知道原子彈是什麼東西。

有一天晚上，我們兄弟三人都已入睡，忽然三個小孩子都醒了，因為弄堂裡人聲嘈雜，還有人放鞭炮。小孩子當然會害怕，媽媽趕來安慰我們，告訴我們日本投降了。我們雖然高興，但並沒有起來參加弄堂裡人們的狂歡，立刻又睡著了。第二天，我一早起來，就到巷口去找那位老日本兵，找不到他。我當時有點替他高興，因為他可以和他的家人團圓了。

從此上海到處國旗飄揚，到處都有V字標語。我還小，不認得這個字，大人告訴我這是勝利（victory）的意思。回想起來，這是我第一個認得的英文字母。街上也可以看到蔣委員長的肖像，是穿全套軍禮服的那一張，對於我們小孩子而言，他真神氣。有一天，我們小學舉行一個小小的派對，為了慶祝蔣委員長六十大壽。我記得我看到了委員長伉儷的照片，看起來蔣夫人很漂亮。我已記不得我們當時有沒有吃蛋糕，我相信一定沒有，在那個時期，物資得來不易，校方不可能給我們吃蛋糕。現在台北街上到處可以買到蛋糕，但我小的時候，根本沒有吃過幾次蛋糕。

蔣委員長終於回上海了，他要在上海的跑馬場接受萬民歡呼，我們小孩子不可能到跑馬場去，但我還是看到他了，因為他是坐敞篷車去的，車子開得很快，我只看到他向街上的人揮手致意。雖然蔣委員長在那時被大家認為是民族救星，他使列強廢除了不平等條約，也使中國成了聯合國安理會的五強之一，我爸爸卻認為他應該急流勇退。我是小孩子，無法了解爸爸的想法，但是我很快就懂了。

抗戰勝利的喜悅心情其實並沒有維持多久，國民政府的貪汙腐敗很快地就顯現出來了，接收大員握有大權，但很難擺脫各種形式的利益糾葛。我們也開始知道孔祥熙、宋子文的貪汙，他們都是蔣夫人的親戚，這些人貪汙，連小老百姓都知道了，蔣夫人會不知道嗎？我一直不了解的是，蔣中正為何容忍這種貪汙？

抗戰雖然勝利，內戰又開始了。就在這個時候，政府發行了金圓券。顧名思義，金圓券是根據國庫裡的金子發行的，但八年抗戰下來，國庫早已空空如也，哪裡來的金子？政府因此下令，黃金不得私人持有，必須繳交國家。這樣一來，國庫裡的確就有金子了。金圓券在發行初期，還有些價值，但是內戰已經開始，可想而知的是國家已無稅可收，但仍要支付大量的軍費和公務員薪水，在無錢可用的情況之下，政府猛印鈔票，通貨膨脹可怕到極點，金圓券一錢不值。每次領薪水，都要拿原來裝米的痲布口袋去裝。有人口袋打翻了，鈔票撒得滿地，也沒有大家搶錢的現象。那時大家交易的貨幣是銀元，銀元有兩種，一種上面刻有袁世凱的像，大家叫它袁大頭，另一種刻有國父的像，被稱為孫小頭。民國三十八年三月，一個銀圓可以兌換一萬三千金圓券，一個月後，一個銀圓可以兌換四百萬金圓券。為了應付錢幣貶值，家家戶戶都要趕快買柴米油鹽，這當然使物價更加飛漲。我們家也在家裡買了好多米，這些米都會長蟲，所謂米蟲也，這些白白胖胖而又醜陋的米蟲在我家廚房牆上爬來爬去，好可怕。

金圓券的貶值，使當年繳出黃金的人對國民政府完全失去了信心，他們的黃金往往是祖上留給他們的一些財產，現在全部失去，換來了糊牆紙，心中之怨恨，可想而知。這些人往往是知識分子，也是中產階級，國民政府從此失去了中產階級的支持。

在這種混亂的局面之下，共產黨當然撿到了便宜。我雖然是小孩子，但已能看報，至今難忘的是有關徐蚌會戰的新聞。現在，學者提到徐蚌會戰，都在討論為何國軍輸了，大家都忽略了這場戰爭所造成的難民潮。我記得有一張照片，無數無辜的中國老百姓，拖兒帶女地通過一座橋；另一張照片是火車站的擁擠情形，有人爬到了火車的頂上，更有人坐在兩節火車的中間。

最使我難忘的是一個小孩對著火車哭喊的照片，顯然他的親人都已上了火車，他上不去，親人也下不來。我在想，這個孩子豈不從此就成了乞丐！

由於戰爭和天災，江蘇北部產生了大批的災民，上海一夕之間擁入了一百萬難民，我敢說沒有一條大街上沒有露宿的乞丐。這些乞丐中眾多的是極小的孩子，上海冬天很冷，大家可以想像到他們的悲慘。有一天，我和一個同學在週日到街上去閒逛，走過一座大樓，一個東西從台階上一路滾下來，原來是一個死去的小孩。我們兩人立刻打道回府，沒有興致遊玩了。

南京失陷，我們都知道上海已成孤城。當時奉命守上海的是湯恩伯將軍，他家就在我家的隔壁再隔壁，門口永遠有一個荷槍實彈的小兵站崗，我家路口還有一座碉堡，也有小兵站崗。當時的上海市長吳國楨住在我家對面，有一天，我看到市長大人和他的一位侍從走過我家，他手上拿了一根手杖，低著頭，滿臉心思，面色無比凝重，他一定是到湯恩伯家去討論局勢，但大勢已去，談不出所以然了。

不久，我們可以聽到遠處的砲聲。奇怪的是，我只記得晚上的砲聲。難道白天休戰不成？每天晚上，爸爸都陪著我們聊天，大概是怕我們害怕。有一天，砲聲稀落了很多，再過幾天，砲聲完全停了，爸爸告訴我們，戰事大概要結束了。

第二天，早上十點，爸爸忽然到學校來接我們兄弟三人回家。爸爸告訴校長，湯恩伯門口的兵不見了，路口的兵也撤走了，上海恐怕已進入了無政府狀態。校長立刻下令全校學生回家，我們學生真是歡天喜地，這是天上掉下來的好禮物。

國軍撤掉，解放軍卻沒有立刻進來，這大概是因為他們並不是機動部隊，必須步行進來，所以至少有一天，上海的確是無人管的。爸爸教我們孩子們待在家裡，不可以出門。到了下午，忽然發現路上全是人，而且亂成一團。原來大家發現湯恩伯家已無人看管，因此很多人進去搬東西。有一對兄妹，搬了一張單人座的沙發，這是非常講究的法國式家具，木頭是白色，絨布是花的，背很高。兄妹兩人好不容易將沙發搬到了我家門口，卻來了個人罵他們，這個人沒有穿警察制服，但兄妹兩人好像很怕他，他叫他們將沙發放下，他們照辦了。令我意想不到的是，他們竟然不約而同地雙腿跪下，向那人叩頭。那位老兄立刻離開了，兄妹兩人終於搬走了沙發。我到現在都記得，那個男孩子打著赤膊，而且赤著腳，顯然窮得可以。我一方面為他們失去尊嚴感到非常難過，一方面為我自己感到羞恥，因為我從來不知道我家附近就有如此窮困的人。

雖然我們小孩子不會對政治發表什麼意見，但這並不表示我們對政治沒有意見，只是沒有表示出來而已。有一次，我在報上看到一則新聞，在內地某處，政府逮捕了一批天主教修女，因為她們一直在殺害小孩子，政府公布被殺害孩子的數目超過了一百。我立刻感到這是不可能的，而且也意識到這個政權是建築在仇恨上的。

毛澤東最後作了一個參加韓戰的決定，他們美其名為「抗美援朝」，但我認為韓戰顯然是蘇聯要打的，為什麼要將中國人捲進去，而蘇聯沒有派一個兵去打仗？參加韓戰是中共政府決定的，但他們卻說這些渡過鴨綠江的中國軍人是志願軍，這真是天大的笑話。我當時只是個初中一年級的學生，也相當看不慣這件事。而且我知道美軍的砲火可怕之至，中國人豈不成了砲灰？我的一個小舅舅和一個堂哥都死於抗美援朝。

我的爸爸悄悄地到了台灣，媽媽決定帶著我和弟弟也到台灣去。我們兄弟二人必須照常上課，一直上到離開上海的前一天。雖然是小孩子，要我和奶奶以及哥哥說再見，仍是很難過的事。

我們坐的是火車臥鋪，滿舒服的。有一次，在江西的一個地方停了很久，有鄉下人來賣燒雞。旅客紛紛購買，吃完了以後，將雞骨頭和碗交給廚房。過一陣子，忽然聽到外面人聲嘈雜，原來火車旁有很多小孩子，有一個廚子在將我們不要的雞骨頭丟給他們。他們必須搶，而那位廚子以此為樂，忽前忽後，忽左忽右，媽媽也看到了，孩子們搶成一團。她將我們叫了回來，其實我們也不忍心看飢餓的小孩子搶雞骨頭。

有一天晚上，火車裡來了大批持槍的解放軍，原來當地有武裝的盜匪，可能來搶火車。我和弟弟大為興奮，希望火車被劫，我們就可以看到只有在電影裡才看得到的情節。

我們是先到香港，再到台灣的。直到現在，我仍記得台北給我的良好印象。上海完全是一個都市，可是在台北，可以看到山，可以很容易地到河邊去玩，也可以到田野去玩。我在台灣交了大批的好朋友，變成死黨；我也安安定定地完成了學業，使我有足夠的競爭力，可以在社會生存。從此以後就以台灣作為我的故鄉。

六十年過去了，現在，我已是七十一歲的老翁，寫這篇回憶的文章，只有一個目的，希望過去的災難以後永遠不再發生，我們的子子孫孫都能有尊嚴地過日子，不要再為一個沙發而跪下，也不要再搶別人吃剩下的雞骨頭。這六十年來，我有了一個很奇怪的結論，一個國家的人民是否能安居樂業，與這個國家的政治制度並沒有太大的關係，而與這個國家是否有社會正義有密切關係。沒有正義，絕不可能有和平，但我們更應該注意，正義必須建築在愛與寬恕之上，一個充滿仇恨與報復心理的社會，是不可能有正義的。

K. S.

當我到非洲去旅行以前，很多人介紹我去一個小鎮。這個小鎮的原名是什麼？已經不重要了，大多數人就叫這個小鎮K.S.，也沒有人了解為何它有這個綽號。

當我到非洲去旅行以前，很多人介紹我去一個小鎮。這個小鎮的原名是什麼？已經不重要了，大多數人就叫這個小鎮K.S.，也沒有人了解為何它有這個綽號。這個小鎮的確與眾不同，最大的特點是它的郊外有很好的灌溉系統，也有相當多的樹木，據說，這是非洲樹木最密的地方，而這些樹都是近年來種的。灌溉系統當然不是新的，但是維護得很好，所以當地的人可以不愁缺水，農作物因此也可以生長得不錯。

我到了這個小鎮以後，發現好多地方都以K.S.命名，很多飯店叫作K.S.，當然為了區別起見，也會加一些字在前面，有一家飯店叫作East K.S.，我猜想大概還有West K.S.，我在街上閒逛了一陣，看到了一家咖啡館，就叫作K.S.Cafe，裡面布置得很好看，也有冷氣，我就進去坐坐。

老闆是個中年人，很和氣，會講英文，他問我從哪裡來的，我說我是從台灣來的。他一聽到台灣，神情立刻一變，一再地向我問台灣的情況，從他的談話中，他是完完全全的台灣迷。我在非洲旅行，過去從未碰到任何人對台灣如此有興趣，大多數人根本搞不清楚台灣在哪裡，他對台灣如此有興趣，當然也使我非常高興，頗有受寵若驚之感。

我發現這位老闆話很多，就乘機問他為什麼這個地方到處都有K.S.的字樣，老闆這下就更加興奮了，以下是他所說的故事。

●

很多年前，有一個來自台灣的年輕人到這個小鎮做義工，這位年輕人是工學院學生，他在這裡有一年之久，一年之內，他教會了很多學生如何使用機械，這些機械都是他設法從台灣運來的，當地的高中接受了這些機械，也使他們的教育水準大為提高。

雖然這位年輕人力求生活得和當地人一樣，大家仍然知道他是當地最富有的人，他有電腦，有手機、電子照相機，他也捐了好多視聽器材給學校，這些器材都是當地學校買不起的。

那所高中的校長有點擔心他會被搶，就叫他住進學校裡去，在那裡，他也可以和學生一起吃飯，而且晚上還教他們一些技術。可是，有一天，有歹徒進入了他住的地方，除了將他的那些相機等等洗劫一空以外，還殺害了他。

這位年輕人的死亡一直到第二天早上才被發現，警察來了，也查不出所以然，可是，對這個小鎮的居民來說，可說是悲傷之至。因為他們沒有想到搶匪居然會殺害如此善良的人。大多數人都認為這是外來的人所幹的事，但是小鎮居民蒙受莫大的損失，他們失去了一位好的老師，也失去了那些有價值的機器。誰會保養這些機器呢？如果機器老舊了，誰會再給他們新機器呢？

小鎮居民以最快的速度告訴了年輕人在台灣的家屬，令他們出乎意料之外的是他的家屬似乎早有預感，雖然非常難過，但他的父母表現得很鎮靜，並且立刻趕來參加年輕人的安葬。

小鎮居民當然都參加了年輕人的安葬儀式。年輕人是天主教徒，這個國家是天主教國家，所以可以在教堂裡舉行安葬彌撒，但是，這次彌撒卻是中文的，連聖歌也是中文的。主禮的神父一開始就解釋天主教強調寬恕，年輕人是天主教徒，當然一定會原諒殺害他的人。在彌撒結束的時候，年輕人的爸爸向大家講話，他說他的兒子在一個多月以前有一點奇怪的感覺，他認為極有可能會有人要來搶他的財物，而且他也極有可能喪失生命，所以他寫了一封信給他的父母，請他們心裡有所準備，萬一他在非洲去世，他們一定要原諒殺害他的人，他們如果不是如此的貧困，絕對不會淪為盜匪的。

那位年輕人除了要求他的父母心中不要有仇恨以外，還要求他的父母做一件事，他認為非洲最缺乏的基礎建設是灌溉系統，他知道他在台灣的父母很有錢，希望他的父親能夠出一筆錢來替這個小鎮建造一個灌溉系統。他跟小鎮的官員談過，他們知道灌溉系統的重要性，但是一直苦於沒有經費，他也希望他的父親替小鎮種植一片防風林，以防止小鎮的沙漠化。

年輕人的爸爸在葬禮結束以後的致詞中，承諾一定會完成兒子的遺願。

而最令大家吃驚的是：這位父親展示了一幅中國的字畫，上面寫了兩個中國字，小鎮的居民完全看不懂。他解釋了這兩個字是「寬恕」，他要將這一幅字送給兒子服務的學校。

校長接受了這幅字，以後也就一直掛在校長室裡面，但是大家不會念這兩個字，也知道念來念去總不對，後來，有一位老師說，我們就用K.S.來念這兩個字吧。從此，這所高中改名為K.S.高中，這所高中所在的街道也改名為K.S.街，小鎮唯一的診所改名為K.S.診所，可想而知的是，有些飯館和咖啡館也改名為K.S.飯店、K.S.咖啡館。

為什麼小鎮居民對K.S.這兩個字感覺如此之好？不僅是因為年輕人的父親沒有對他們口出任何怨言，還真的派人來探測地理環境，小鎮因此有一個又長又寬的樹林保護他們，小鎮居民從來沒有看過如此美的樹林；灌溉系統完成以後，不停地有來自台灣的農業專家教他們種植適合的農作物，小鎮居民的生活改善了許多。

我一下子就找到了K.S.高中，我不好意思冒冒失失地進入校長室，所以沒有看到「寬恕」這兩個字，可是我找到了年輕人的墓。墓地是一片青草，只有一塊銅牌，上面刻著K.S.兩個字，沒有死者名字，也沒有死者的出生和去世的年月日，據說，這是年輕人父母的願望，他們希望大家永遠記得的是他們的兒子有寬恕的美德，他們又知道小鎮居民已經將K.S.等同於寬恕，所以墓碑上只有K.S.兩個字。小鎮居民並不知道年輕人何時出生，但是都記得他是哪一天去世的，每年的那一天，總有人會在這個青草地上放滿了花。

青草地旁種了一棵柳樹，我注意到柳樹下有一個盒子，盒子上有一個按鈕，按鈕旁的說明顯示我若按下按鈕，可以聽到好聽的音樂。我當然立刻按了一下，令我吃驚的是從四個揚聲器中，出來了我們中國的聖母頌，江文也的〈聖母經歌〉：「萬福瑪利亞，滿被聖寵者，主與爾偕焉……」，全世界都有聖母頌，大家都知道古諾的〈聖母頌〉，可是我們中國天主教徒喜歡唱的仍是我們自己人寫的中文聖母頌，我們的中文聖母頌叫作〈聖母經歌〉，幾乎沒有一個中國的天主教徒不喜歡這首歌。但是我現在聽到的歌，雖然是中文的，卻一聽就知道，這是外國小孩子努力地用中文唱出來的。他們不可能完全懂這些中文字的意義，他們知道來自台灣的年輕人喜歡聽這首歌，所以那所高中的學生就拚了命用拼音的方法唱了這首中文歌，他們一定想告訴年輕人，他將永遠活在他們的心中。

而我呢？在我聽到中文的〈聖母經歌〉以後，我忽然有了濃厚的鄉愁，我想立刻回到我的家鄉，不僅因為我可以大聲地用中文唱我喜愛的聖歌，而且我現在更加感覺到自己國家的可愛，因為我們的社會是一個懂得寬恕的社會。

在飛機上，我看到好幾起自殺炸彈攻擊的新聞，在伊拉克，一次爆炸炸掉了六十幾位無辜的老百姓。有自殺性攻擊，顯示世界上存有巨大的仇恨，要消滅這些恐怖分子，提倡寬恕是唯一的辦法。

在飛機上，我睡著了，我夢到我坐的飛機是K.S.號，屬於K.S.航空公司的，而且是向K.S.城市飛去。

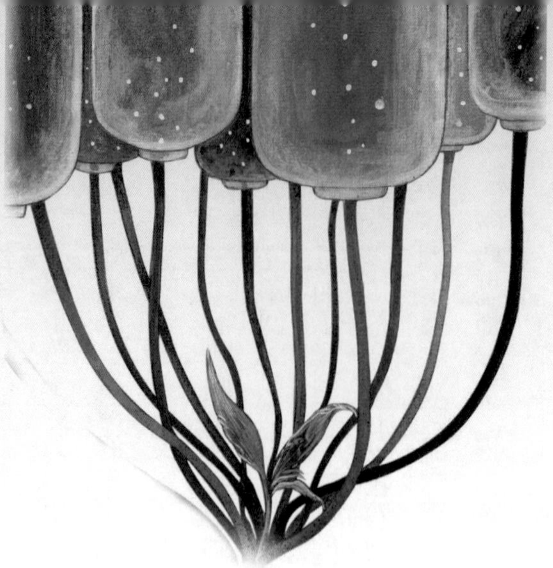

解藥

這十七顆隕石落地的時間是格林威治時間17時17分17秒。再過兩小時，聯合國官員宣布另一個驚人的資料：隕石形狀不一，但重量卻是完全一樣的：一百七十公斤。

大約六個月以前，我有一天晚上在看電視新聞，忽然看到了一則新聞，有一顆很大的隕石落在墨西哥和美國的邊境。雖然還弄不清楚這顆隕石有沒有打死人，但已經引起了美國政府的注意，有一批專家正在以最快的速度趕去那裡。十分鐘以後，另一則插播新聞報導說，俄羅斯和中國的邊界也有一塊隕石掉落，好像也不小。當天已晚，我睡覺去也。第二天早上，再看ＢＢＣ新聞，這下有趣了，有十七顆隕石在前一天晚上落在地球上，其中十六顆全部落在國與國的邊界，只有一個落在墨西哥中部的鄉村。雖然有這麼多隕石落下，卻沒有一個人受傷。我當時就注意到這件事的不尋常，因為有十六顆隕石落在國與國的邊界上，怎麼如此巧呢？

到了晚上，我發現事情似乎鬧大了，因為隕石下落，各地的雷達實際上是知道的，有人根據全世界各地所報告來的資料計算了一下，結論是這些隕石是同時落地的。換算到格林威治時間，這十七顆隕石落地的時間是格林威治時間17時17分17秒。再過兩小時，聯合國官員宣布另一個驚人的資料：隕石形狀不一，但重量卻是完全一樣的：一百七十公斤。

聯合國祕書長要求全世界的電視台同步播出他的演講，幾乎全世界重要國家的電視台也照做了。祕書長的主要觀點是：這次隕石落下絕對不是一件單純的自然現象。地球以外，必定有智慧的生物存在，這次，十七顆隕石同時落下，時間正好是格林威治時間17時17分17秒，重量又一概是一百七十公斤，可見有人要告訴我們，他們是很有智慧的。但是祕書長又告訴世人一件事：科學家已經在隕石上發現了細菌，細菌傳播得非常快，落地附近的人都傳染到了這種細菌，可是值得大家放心的是所有被傳染的人都沒有任何發病的現象。祕書長最後的話是呼籲世人冷靜，他已和全世界重要國家的領袖們商量過，大家同意成立一個緊急小組，隨時注意外星人入侵的可能性。

外星人始終沒有入侵，細菌四處散播，全世界的科學家都投入了消除外星人細菌的工作，但是一點進展都沒有，好在世人雖然傳染到了細菌，誰也沒有發病，久而久之，大家都不再注意這件隕石入侵的事了。

大約一個月以前，我在一家咖啡館喝咖啡，忽然碰到了我的老友，這位老友是我的中學同學，我學生物科技，他當了記者，目前專門跑財經新聞。當時是下午三時，通常這仍是記者最忙碌的時候，但是他卻跑到咖啡館來鬼混，他一看見我，大為興奮，過來和我一起坐。他告訴我他最近快完蛋了，因為簡直找不到什麼新聞。通常他總會找到一些有趣的新聞，比方說，某某公司併購某某公司，或者某某公司的股票大跌等等。可是，最近完全變了，什麼新聞都找不到，我的朋友說好像台灣的銀行家都變得非常保守，沒有人在作任何冒險性的投機，當然也就沒有什麼新聞了。

我問他我們的中央銀行總裁有新聞沒有，他說也沒有。最近沒有什麼人帶了大批外匯到台灣來買台幣，也沒有什麼人在大賣台幣，他說難道世界上的銀行家都去度假了不成。

我對他的故事大為好奇，我問他有沒有朋友是跑政治新聞的。他說他有一個好朋友是跑政治新聞的，我鼓勵他打電話給他的朋友，問問他政治新聞多不多。

不問則已，一問，他的朋友在電話裡大發牢騷，十分鐘以後，這位跑政治的記者也到咖啡館，他說他已經好久沒有找到什麼精采的政治新聞了。國民黨的中常會雖然仍然在開，但是會開得很短，會後也不會給記者一份報告，據說他們的確沒有什麼好告訴大家的。

我問他總統最近有什麼新聞，他忽然想起來了，他說他已經有一個月沒有看到總統了。他知道總統一定仍然很健康，因為他曾好幾次偷偷地到總統府前面去看，他的確看到總統的車隊到達總統府，也看到總統下車進入總統府，但是好像他在總統府休息，因為他從來不露面。

我們三個人決定上網去看國際新聞，發現了一件非常奇怪的事：世界上的領袖級人物都好久沒有出現了，美國總統、英國首相、中國的國家主席都已經有一個多月沒有出現在新聞裡，唯一出現在新聞裡的重要政治家是聯合國的官員，世界上領袖級仍有新聞的，都是宗教界的人。

就在我們三人會面的晚上，我又在電視上看到聯合國祕書長的演講，他說他必須向全世界報告一件壞消息，雖然外星人細菌看起來不是嚴重的事，可是很多世界上領袖級的人物都得到了嚴重的疲乏症，他們成天幾乎都在昏睡之中，很多重要問題都沒有人管了。有些國家幾乎變成了無政府狀態，有一個國家發生了水災，老百姓都希望官員來救災，左等右等，政府的高階層官員就是沒有出現，老百姓只好等水自己退掉。這場水災規模不算太大，但是死亡人數非常之高，虧得水退得還算快，否則死亡的人數會更高。

祕書長雖然給了大家一項壞消息，但也說了一項值得讓人放心的事。他說幾乎全世界的人都已傳染到了隕石細菌，而發病的程度各不同，真正發病的全都是領袖級的人物，一般人只是多多少少有一點感到想睡覺的現象，情況並不嚴重。

還有一個好消息，那就是全世界的自殺性攻擊已經完全絕跡了。這究竟是怎麼一回事？沒有人知道，但是自殺性攻擊的忽然絕跡的確是出現在隕石襲擊以後。

我是研究生物科技的，隕石細菌散播到全世界，我工作的單位當然也開始了這種細菌的研究。上個月，聯合國在紐約召開了一個有關這個細菌的研討會，我的論文被接受了，所以就坐飛機到紐約去開會。沒有想到一下飛機，就有人來找我，他說他是聯合國官員，因為有要緊的事拜託我，我可以快速通關。通關以後，我的行李也沒有拿，就被那位官員請上了車，向聯合國開去，他說我的行李一定會送給我的。

在路上，這位官員告訴了我一件非常有趣的事，他說有一顆隕石掉落在墨西哥的一個地方，那個地方全是農村，很窮，但是這是全世界唯一完全沒有人發病的地方，就連最起碼的症狀都沒有。聯合國已經兩次派了專家去檢查當地人的生理狀況，結論是這些人並沒有任何生理上的特殊之處。他們是農人，生活非常簡單，食物當然也不講究，聯合國發現以這種方式生活的人在全世界到處都有，別的地方的農人中至少有輕微的病狀，這個地方的人沒有發病，對生理學家來說是講不通的。

到了聯合國以後，我發現有另一位委內瑞拉來的生物科技教授也和我有同樣命運，糊裡糊塗地被人非常禮遇地請來。喝過咖啡以後，一位聯合國國際衛生組織的官員告訴了我們這是怎麼一回事。聯合國要再做一次努力，以解開這個謎。他們要再派兩個人去那個小鎮，這兩個人要有以下的條件：

- 他們都要信天主教，因為這個小鎮居民全都是天主教徒。
- 他們中間至少有一人會講西班牙話。
- 他們都懂生物科學。
- 他們一定要來自小國。
- 他們至少要有一位不是中南美洲的人。

為什麼一定要信天主教？這是因為這兩個人必須要觀察他們生活的細微部分，聯合國官員認為這個地方的居民的生活習慣一定與眾不同，要觀察到如此細微，去的人當然要能融入他們的社會，如果不是天主教徒，那是絕不可能融入他們的社會的。

為什麼一定要來自小國？理由是那些大國的人去了以後，常常表現出一種優

越感，當地沒有現代化的旅館，那些偉大的科學家抱怨連連，也就引起了當地老百姓的反感，這種反感也自然會影響了調查的品質。

為什麼至少要有一位來自美洲以外的國家？這無非是希望這個外國人更能發現一些特別的事。

就是這些原因，我被選上了。聯合國替我們準備好了聯合國護照，買好了機票，下飛機以後的計程車也訂好了。我們將住進當地的一座天主堂，所以無需訂旅館，其實那裡的旅館也實在不怎麼樣。

聯合國還替我們準備了現款、衛星手機、電腦，以及一些最基本的儀器，我打了電話告訴家人這個奇遇，第二天一早就上飛機了。

我們墨西哥的計程車司機技術很好，他和我的同伴有說有笑。他說從機場到那一個小鎮大概要開一小時；他又說這個小鎮很窮，很少人去那裡，這一點我注意到了，我們往小鎮去的路上，只追上一輛汽車，而沒有看到任何對面開過來的車。

開了一個多小時後，司機忽然將車子停了下來，因為在我們前面出現了兩個蒙面人，他們都手持衝鋒槍，示意我們兩個人離開車子，也示意我們將大部分現款交給他們，但是沒有拿走任何證件。然後這兩個人進入計程車，車子掉了頭，開回去了，留下我們兩個人在路上不知如何是好。自始至終，這兩個人沒有說一句話，也沒有對我們動粗，看來他們只對我們的財物有興趣。

因為無法呼救，我們兩人決定步行至小鎮，好在他們臨走時，給了我們一人一瓶水，墨西哥天氣很熱，如果沒有這瓶水，我們一定吃不消的。我們並不是很會長途跋涉，走了四個小時以後，都筋疲力盡了，一路上我們都希望有一輛汽車經過，這樣就可以搭便車了。

四個小時以後，總算看到一間房子，房子很簡陋，一看就知道是農人住的。我的夥伴毫不猶豫地去敲門，門開了，一個小男孩好奇地看了我們，立刻將大人叫了出來，我的夥伴簡短地講了一些話，房子裡的人熱烈地歡迎我們進去休息。

這戶人家是農家，但是整理得很乾淨，他們看到我們累得不得了的狀況，立刻讓我們洗了手、臉和腳，招待我們坐下來吃晚飯。晚飯有一碗肉湯、一盤沙拉和麵包，因為我們兩人都餓得發昏，不知吃了多少片麵包，湯喝了，主人又給我們一人一碗。這頓飯吃得真舒服，我回想起來，那些麵包一定是自己家裡做的，果醬也一定是手工做的。

飯吃完，當地的神父來了，他聽說了我們的事情，立刻趕來。他先帶我們去買換洗的衣服，當初我們被搶的時候，皮夾裡仍留下一些現款，大概是他們給我們的零用金，所以我們至少有乾淨的衣服穿。在車上，神父問了我們的情況，他對我們所遭遇的事情甚感困惑，因為這個地方雖然貧窮，但從未出過盜匪，更令他不解的是這些強盜如何知道我們要來了。他問我們的計程車是哪一家公司的，我們說了，他說這家公司信譽極好，很多有錢人僱用這家公司的計程車，因此他認為那位司機和盜匪串通的機會極小。

神父招待我們在教堂裡住下，我們兩人呼呼大睡，第二天好晚才有機會和神父談話。這位神父會說極流利的英語，他是捷克人，曾去過台灣，對台灣記憶猶新。原來他是教廷駐外的外交官，曾經在土耳其、台灣、英國、埃及和墨西哥待過。在墨西哥的時候，有機會到各地去訪問，有一次，在這個小鎮裡住了幾天。有一天下午，他發現全村的人都準備了食物，主要是麵包和麵餅，也有瓶裝飲用水，不久以後，一輛火車開進了這個小鎮的郊外，因為這是小鎮，火車不停，但顯然慢了下來，男女老幼紛紛將準備好的食物和飲用水丟進火車。

神父後來知道，這個班次的火車裡幾乎全都是從中南美洲打算偷渡到美國的窮人。他們都是窮人，在火車上常常是餓著肚子的，這個小鎮的居民因此將食物拿來送給他們。神父發現村民一點都不認為這種善舉是一件大事，他們都是天主教徒，也徹底遵行耶穌的指令：「如果有兩件衣服，送一件給窮人。」

神父到過好多地方，也不知遇到多少天主教徒，但是他認為這裡的天主教徒才是真正的天主教徒，立刻愛上了這個地方。他辭去了教廷外交官的職務，恢復了普通神父的身分，也得到當地主教允許，在這裡唯一的天主堂擔任本堂神父。

聽了神父的話，我們才了解那家人對我們這麼好，原來這種招待路過的旅人是他們的傳統，也是他們生活的一部分。

提到隕石，神父說隕石就落在村子裡，沒有人受傷，他知道大家都已被病毒傳染，但的確沒有一個人發病。

為什麼沒有發病呢？我忽然有了一個想法，我向神父借用電話打到了聯合國總部，請他們清查所有公益團體的高階負責人。我建議他們清查的公益團體包含世界展望會、德蕾莎修女所創辦的仁愛修女會、Oxfam、紅十字會、慈濟功德會等等，我也要他們設法了解，那些有執行自殺攻擊傾向的極端分子現在情況如何。不到兩小時，答案來了：「凡是誠心誠意替別人服務的團體負責人，都沒有發病，狂熱極端分子，現在都昏睡不醒。」再過一小時，聯合國總部的電話來了，告訴我們，我們已經大功告成，可以準備回家了。

聯合國總部效率不錯，有一輛計程車來接我們，回程的機票等等都已準備好了。在機場，我聽到聯合國祕書長向全世界人民的廣播，內容大致是：「我們已經找到了對入侵病毒的解藥，這個解藥是我們一定要彼此相愛。外星人雖然有能力入侵地球，但地球上的人類仍有能力抵抗外星人入侵。他也警告世界上過分自私自利的人，以及心懷仇恨的人，他們如果不改，生命對他們是沒有意義的，因為他們一定會永遠感到疲倦。」

對於我們兩人來說，這件事並非如此簡單，因為聯合國官員告訴我們一件怪事：我們當時被搶走的東西全部都被寄回了聯合國，現款也寄了回來。那天，司機快到城市的時候，被那兩位人士強迫吃了一顆藥，就昏睡不醒了，那兩位先生將這輛車子開進了公司總部，然後一溜了之。但是他們留下一張字條和一些錢，請公司將汽車內所有的器具都寄回聯合國。那位司機醒來以後，將整件事情報告了警察，因為我們兩人和司機都沒有受到任何傷害，所有被搶的東西又都物歸原主，警察就不想管這件事了。司機還透露了一件事，自始至終，這兩位先生沒有講過一句話。

我和我的夥伴在紐約待了好幾天，到處逛逛，我們的疑問是：「為什麼這兩個人要做這件事？」看來，他們絕非搶匪，神父也曾告訴我們，那個地區從來沒有過強盜。當然，他們不可能是為了好玩。最後，我們得了一個結論：他們要我們極為狼狽地進入這個村莊，親身體驗這個村莊居民的愛心。在過去，聯合國人員都是以很有錢的架式進入村莊的，因此沒有一個人感受到村民的愛心，他們也沒有和神父談過天，我們不同了，我們進入村莊的時候，已經快是乞丐了，因此可以很容易地感受到村民的愛心。

這兩個人究竟是誰呢？要回答這個問題，必須注意一個線索，他們知道聯合國要派人進入這個村莊，知道我們坐什麼樣的車子進入，也知道我們什麼時候會快到這個村莊。換句話說，他們知道整個事件。有兩種人知道這些訊息，一類是聯合國官員，一類是旅行社的職員，但我們實在無法想通為什麼這些人會做這件事，如果世界上有任何人要使我們狼狽地進入村莊，他一定早就知道病毒的解藥了。

我們的結論是：這兩個人絕對不是地球上的人，難怪他們沒有在地球人面前說過任何話。

聯合國祕書長說我們已經可以抵抗外星人入侵了，但是他自己一定也知道，外星人能夠將十七顆隕石在同一時間落到地球，而且又是在17時17分17秒，可見他們有非常高級的智慧，如果他們真的要入侵地球，危害人類，應該可以散布更可怕的病毒，而不是如此溫和的病毒。說實話，我們實在看不出有任何理由外星人要入侵地球，我們這個星球的生態環境已經被破壞得非常厲害，他們不會對地球有興趣的。

我們知道在所有的隕石中，只有一顆沒有落在國與國的邊境，顯然地，外星人從未要入侵地球，他們只要我們人類注意這個村莊，希望我們知道相愛的重要。地球上有的是各式各樣的問題，也許外星人要提醒我們：唯有相愛，才能解決這些問題。

大師的傑作

有「大師」頭銜應該是一件很過癮的事，我自己沒有，但我的同學老張卻是社會公認的大師級人物。老張是建築師，有好幾個建築得過國際間的大獎。

有「大師」頭銜應該是一件很過癮的事，我自己沒有，但我的同學老張卻是社會公認的大師級人物。老張是建築師，他所設計的建築全部都是有名的，也是全國建築系學生必讀的案例，有好幾個建築得過國際間的大獎。

每一次張大師的建築落成，開張的前一天，都會有一個盛大的記者招待會，屋主不僅邀請記者，也邀請建築師以及建築系的教授和學生來參觀，我每次都被邀請，因為我是老張的好朋友，他每次都一定送我一張邀請函。

奇怪的是，張大師本人從來不出席這種記者會，他總是派他們事務所其他的重要人物代表他領獎。雖然很多建築系學生和教授常常討論他的案例，他自己卻永遠不解釋他的建築，也從未對建築界解釋他的設計理念。我當然對此十分好奇，問他為什麼從不對他的建築發言，他的回答一直使我很困惑，他認為他所設計的建築都不能完全令他滿意，但是他又不知道自己心目中完美的建築究竟是什麼樣子。

對於一般人來說，老張所設計的建築已經是傑作了，無論大教堂、小教堂、大旅館、小別墅等等，都是我們驚豔的作品，老張仍不滿意，他心裡究竟在想什麼呢？我有一次就問他一個問題，在這個世界上，有許多有名的建築，像巴黎鐵塔、聖彼得大教堂等等，你老兄究竟認為哪一個是你最欣賞的？他的回答居然是「一個也沒有」。

老張是不是一個非常驕傲的人呢？大家都知道，一個人如果非常驕傲，當然看不起任何人。因為我們兩人很熟，我知道老張一點也不驕傲，他雖然從不談自己的設計，卻常常讚美別人的設計。

說來說去，沒有人搞得清楚老張在想什麼。

昨天，我忽然接到老張的電話，說他要邀請我去參觀他的得意傑作。這次他用了「傑作」這兩個字，使我非常好奇，我一點也不知道張大師最近有什麼新的建築落成。老張告訴我他會開車來接我，還要我穿黑西裝，更令我奇怪的是，老張要我打上黑領結。我立刻告訴他我沒有黑領結，老張只好說他會帶一個給我，最後他提醒我一定要穿白襯衫。

老張在下午五點半來接我了，他的車子往鄉下開去，最後停進了一座兒童中心的停車場。

這所兒童中心的建築的確是新的，也很漂亮，我們去的時候，天已黑了，這座新建築被柔和的燈光照射，給我一個感覺，我好像站在一座童話故事裡的城堡前面。老張輕輕地告訴我：「這是我設計的。」

兒童中心內部有臥室，可惜我不能進去看，老張帶我進入了一間很大的房間，一看就知道是餐廳，至少目前是餐廳。這間餐廳的牆壁全部都是木頭的，顏色是深咖啡色，房間很高，雖然中央有大型的吊燈，但是現在全部沒有開，卻開了所有壁燈，壁燈放在很高的位置，極為優雅，也極為古典。

那一天，餐桌是倒U字型排列的。餐桌其實是一般鋁做的普通桌子，但是桌布卻極為講究，桌布很厚，淡黃色，桌子上放了大約六十份瓷盤和刀叉，那些盤子都是鑲金邊的，刀叉也屬沉重的那種，每一張桌上都有一個紅色蠟燭，燭油放在一個不小的玻璃缸裡，現在全部的蠟燭都點上了，使整個大廳的光線非常柔和。

大廳中間放了一大盆玫瑰花，也放了四根蠟燭照耀著這盆花。

孩子們走進來了，老師們當然也都進來，飯前祈禱結束以後，要上菜了。我這才知道為什麼要打領結，因為我和張大師都要端盤子上菜，好在菜肴放在一個推車上，我只要夾菜給孩子們。一共有六個人同時上菜，主菜是雞腿，小小孩一支雞腿就夠了，也有幾位大個子的孩子一口氣吃了三支雞腿，有一位甚至吃掉了四支。

這些孩子的面前就是蠟燭，他們的臉全部都被燭光照耀著，在一片燭光中看到這麼快樂的面容，令我很想按下快門，照一張相，但我知道這些孩子來自弱勢家庭，我們不能隨隨便便地對他們照相。

吃飯的時間，孩子們雖然有說有笑，可是聲音不大，因為大廳裡放著音樂。放音樂當然要有揚聲器，這座大廳的四座揚聲器裝在天花板上，像燈一樣地吊下來，不知情的人會以為它們是吊燈。音樂響了，我才知道這些是揚聲器，可想而知，音樂當然是非常悅耳的，那天播放的是韋瓦第的〈四季〉。

我雖然要上菜，仍有偷閒的時刻，所以我吃了麵包和湯，也就飽了。

飯吃完，全體老師和孩子唱一首歌，這首歌叫作〈我有平安如江河〉，老張事先將歌詞印了好多份，所有的服務人員，包含廚子，都進入大廳，和大家一起唱。看到這些孩子在燭光照耀下快樂的面容，聽到他們響亮的歌聲，我們這些人特別能感受到「平安」的意義。

還好，老張沒有要我留下來洗碗，他開車送我回去的時候，強迫我和他到郊外去兜風，他說他終於懂得何謂傑作了，他之所以將這座建築視為他的傑作，是因為這座建築能夠帶給他心靈上的平安和喜樂，而這種平安來自他可以經由這座建築親手使弱勢的孩子們得到快樂。

每一年，他都會請孩子們吃一頓大餐，食物並不特別講究，但排場必須高級，唯有如此，才能使孩子們感到「尊重」的意義。他說孩子們不知道他是誰，老師們也都答應不會透露他的身分。

老張還告訴我一個觀念，好的藝術家一定可以將他自己表現到他的作品中。很多人以為建築師是藝術家，其實建築師是要討好屋主的，他也許不信教，卻要設計教堂，他也許很討厭那些專門給有錢人住的豪華旅館，但仍要設計大旅館，這一次，當他為弱勢孩子設計的時候，他發現可以盡情地表現他的內心深處，當然這就是他的傑作了。

我的好友是大師，大師終於解釋他對「傑作」的定義，而我們小咖呢，我們好像不可能有傑作的。就在我想著這件事的時候，電話響了，我作義工家教的一位學生打來的，他告訴我，他考上了一所高中，對我的大學教授同事而言，他們一定不知道這所學校，可是這個孩子當年的程度差得不得了，虧得我教學有方，他才有很大的進步。對他來講，能夠上這所高中，已經使他非常高興。我聽了以後，也替他高興，我答應週日會請他吃飯來慶祝一下。

放下電話，我不知不覺地唱起〈我有平安如江河〉這首歌來。我也有過一些學術上的獎項，但每次拿到這種獎項，都沒有出自內心深處的快樂，剛才的那個電話，卻使我有一種非常特別的感覺，我感到特別的高興。我知道，任何人都可以有傑作的，並不是大師才有傑作，很多大師恐怕也沒有什麼傑作。

我的恩師

我發現我之所以到老了，仍能吸收新知識，乃是因為我好奇心很重，好奇心使我對很多事情有興趣，當然我對電機和資訊的領域最有興趣。

我雖然學問普通，但的確有一點值得驕傲的地方，我雖然已年過七十三，仍然一直在學新東西。我過去對通訊完全不懂，後來因為在暨南大學的校長職務垮台了，駕駛也沒有了，我找到了兩位教授一齊開車去南投，在路上，老是聽到他們講有關通訊的東西，我本來就對通訊好奇，就一直問他們，問到後來，居然還寫了一本有關通訊的教科書。

我發現我之所以到老了，仍能吸收新知識，乃是因為我好奇心很重，好奇心使我對很多事情有興趣，當然我對電機和資訊的領域最有興趣。兩位教授教會了我通訊以後，我對類比線路設計非常好奇，也就靠我的東問西問，現在也能教類比線路設計了。

可是我並不是一直都有好奇心的，小的時候，我根本是一個糊裡糊塗的小孩，老師教什麼，我並不完全懂，可是我並不想真正搞懂這門學問，我的哲學是：我要知道如何應付老師的考試，這一點最重要，而我對如何應付考試是很有經驗的。

可是，我的運氣很好，碰到了一位好老師。

我從大學畢業以後，就想找一個安穩的工作，以度一生。我運氣很好，可以到一所國中（當初叫作初中）去教理化，孩子們很乖，也很用功，該背的都會去背，該做的練習也都會去做。所以我這個老師感覺真好。

沒有想到的是，我碰到了一位好奇心非常重的孩子，他叫陳義明，他第一次發問，是我教他公制的時候，我說我們長度用公尺，他馬上發問：「公尺是根據什麼制定的？」我去大學圖書館查了資料，上課時告訴他公尺是根據法國的鄧刻爾刻到西班牙巴塞隆納的距離制定的。他的問題又來了：「如此長距離的測量是怎麼完成的？」我又被他問倒了，研究了好久才搞清楚。但這一次我告訴他這種測量牽涉到很多初中生不懂的數學，他就算了。

不久，我教到元素，照教科書上的定義，元素是用一般化學方法無法分解的物質，這位好奇的孩子的問題又來了，他說：「什麼是一般化學方法？」我只好舉了一些例子講給他聽，他的問題仍然不斷：⑴古人怎麼知道一個物質是元素的？(2)誰給元素下定義的？(3)是誰最早將所知的元素整理出來？說實話，我花了很大的工夫才將這些問題搞清楚。

等到我教到質量和重量的時候，就知道陳義明一定會問何謂「重量」，當然我們還沒有教過力學，要解釋「重量」差一點把我的半條命送掉。

自從陳義明一直好奇地問問題，他的同學們也慢慢地被傳染到了，他們的問題越來越多，我也越來越有成就。不能說我的學生們考試時一定會得心應手，而是說顯然他們對科學越來越好奇。因為好奇，他們變得很會思考，在過去，這批孩子們全部都是背書的機器，也難怪，背多分也。

就在我教得興致高昂的時候，問題來了，有些家長發現他們的孩子回家以後會和他們談一些他們聽都沒有聽過的玩意兒，比方說，很多孩子會解釋給爸媽聽道耳吞如何能提出原子說。家長們聊天時發現這些都是教科書上沒有提到的，他們非常擔憂，因為教科書裡沒有的學問，不論多有意義，都是不會考的。他們認為我做老師的人應該教聯招考試的項目，那些不考的，就不該教，教了反而浪費孩子的時間，也影響到孩子們未來考試的成績。

校長將我抓去罵了一頓，他說，學校的績效就在於有多少學生考上明星高中。我問他使學生對科學產生興趣，重不重要？他不願正面回答我的問題，但警告我絕對不可以再在上課期間教那些不考的東西。我問他學生如果提問題，怎麼辦？他說一定要在課後解釋給他聽，上課期間不要理他。

從此以後，我們上課時變成了單行道，可是下課以後，孩子們的問題就來了，上課時雖然是一灘死水，下課以後就活了起來。但我覺得我自己好像在做一件見不得人的事，每天都鬼鬼祟祟的。而且我也有一種不舒服的感覺，因為同事們有點將我看成異類。

陳義明的好奇心不限在科學上，他在歷史課上也問題不斷。有一次，他問何謂元朝，其實是不是我們已經亡國了；又有一次，他問唐朝時代，是不是人人都有工作可做？有多少人失業？他另一個問題更有趣了，漢朝時，中國有多少人口？最精采的問題是：「中國」這個名字是什麼時候來的？因為他知道清朝時，我們國家叫作「大清帝國」，並非「中國」。

陳義明使同事們分裂成兩派，一派很喜歡他，另一派討厭他。討厭他的老師占大多數，他們感到陳義明對他們是一種威脅，但又不敢直接了當地說出來。他們都想過安穩日子，陳義明使他們感到日子不好過。

陳義明畢業了，他沒有考上任何一所公立學校，他的家境使他無法念學費高的私立學校，於是他就結束了學業，四處去找工作做，總不能遊手好閒啊。

陳義明事件對我是一個很大的打擊，第一，我覺得自己的學問實在太差；第二，我很不喜歡我們不鼓勵學生有好奇心的教育。我決定繼續念書，希望能使自己變得有學問一點，將來能教一批有好奇心的學生。

我得到了博士學位，也做到了教授。我開始指導研究生，其中有很多都是博士生，他們當然都是好問之徒也。唯一和過去不同之處，在於他們從不問我，他們的那些問題，我如何能回答？好在他們都能靠自己的努力找到答案。對他們而言，「死背」是一點用都沒有的。我感覺到我總算如願以償。

有一天，我的中古汽車有些毛病，友人告訴我，有一家修車廠技術很高，價格也算公道，我就開車去了。這家修車廠規模相當大，而且一塵不染，管理也井然有序，我當然要等一下，他們也有顧客休息室。我在裡面休息的時候，忽然進來了一個人，他親熱地叫我李老師，我一看，就認出了他，他就是陳義明。

陳義明告訴我，他初中畢業以後，就去做汽車修理廠的學徒，由於他好奇心很重，學得非常快，他也去念了補校。高中念完了，他決定自己開修車廠，果真生意很好，有的時候，汽車公司的修理廠還會偷偷地來求救於他，他笑著說，可惜他沒有資金，否則他也可以設計汽車了。

我問他是不是仍然十分好奇，他反而覺得難為情起來，他將我請到了他的辦公室，在他的電腦裡找出了一份檔案，裡面記錄了所有他要問的問題，如果有答案，他會記錄在裡面，我發現大多數都仍是懸案。我現在將他的幾個懸案寫在下面：

⑴電影裡面動物的嘴巴如何會動？

陳義明說他常看電影，很多電影裡有動物明星，這些電影明星往往會講話，這不稀奇，只要配音就可以了，但為什麼這些動物的嘴巴會動呢？如果嘴巴不動，就不像動物在講話了。他猜動物是真的，嘴巴是動畫，但他沒有把握，所以仍是懸案。

(2)森林小孩如何能和獅子搏鬥？

陳義明顯然是個愛看電影的人，他說他常看到電影裡有一位英勇強壯的小男孩，他居然敢和獅子搏鬥，最後獅子被他殺死。他知道這頭獅子是被馴服的，牠只是在表演而已，但獅子畢竟是獅子，小男孩是個明星，雖然身體還不錯，但他怎麼敢和獅子打架呢？萬一獅子凶性大發，他怎麼辦？

(3)九一一事件的謎

九一一事件是大家有興趣的事，對陳義明來說，他說他有眾多疑點：1、為什麼美國機場會在幾個小時之內，同時讓十幾位恐怖分子進入飛機，他們都帶有武器，一個恐怖分子成為漏網之魚已經很怪，這麼多人同時順利過關，這簡直不

可思議；2、為什麼幾架飛機的飛行員沒有立刻報告有人劫機？3、飛行員的座艙門是打不開的，他們是如何進入的？4、飛機當時一定已在自動飛行的狀態之下，恐怖分子怎麼會有如此大的本領能將自動飛行改成手動？他們並非真正有執照的飛行員，只受過幾個月的飛行訓練而已。

⑷花為什麼同時開、同時謝？

陳義明有時到一座公園去散步，他看見兩個花壇種了同樣的花，令他百思不解的是同一個花壇的花會同時開，同時謝。但不同花壇的花開和謝的時間是不一樣的，要注意的是這些都是同樣的合歡花。

我只能舉這些例子，因為陳義明的問題太多了。他看到了我，好高興，他說我是最鼓勵他發問的老師，而且也認為他的好奇心對他日後幫助很大，他一再稱我為恩師。

我要在這裡告訴陳義明，你才是我的恩師，我雖然老了，仍對很多事情極有好奇心，這應該歸功於你，沒有你的話，我雖然會看到應該感到困惑的事，卻不會感到困惑。

我也希望年輕人知道：好奇心是十分重要的，我們都知道外國跑車的引擎好厲害，但如果沒有一個人想知道這種引擎是怎樣製造的，那我們就永遠不可能有厲害的引擎了。

我更希望老師們知道，如果你們的學生學了庫倫定律，而不過問庫倫如何測量電量，我們國家是不太可能有偉大的科學家的。

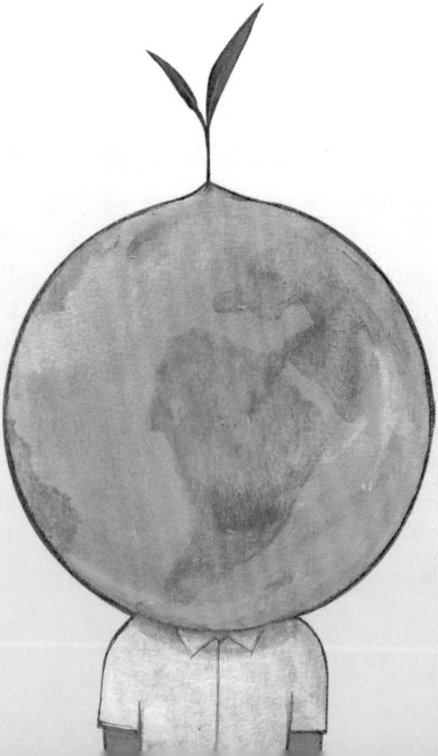

多話的黃師傅

我問他如果我不願意和他聊天，他會怎麼樣？他說如果我不理他，他就不告訴我，我過去是他的老師了，因為他認為真正好的老師不會看不起任何人的。

我過去一直沒有什麼音響設備，前些日子，大病一場，恢復以後，忽然想浪費一下儲蓄，就找人買了一套比較好的音響，有了音響又發現無處可放，因此又找了一位設計師替我設計了一套音響架，設計師告訴我，有一位姓黃的師傅，會替我做這套音響架，也會替我裝好。

黃師傅來了，原來他是個年輕人，絕對沒有超過三十歲，他第一次來是來看環境的，他要知道這套架子如何裝在我的家裡，他好像很專業，將我家客廳的圖畫得很清楚，也標明了所有設備的去處，他也仔細地量了設備的大小，以保證架子上可以放這些設備。

過了幾天以後，黃師傅來了，開始小心地裝做好的架子，因為客廳並非空的，所以裝起來頗為麻煩，他也有一位助手。本來做這種工作的時候，工人是不會和屋主聊天的，可是黃師傅卻一反常態，他打開話匣子，和我聊了起來。

一開始，他問我是否前些日子生過一場病，我告訴他我的病是心肌梗塞，他又問我何謂心肌梗塞，我告訴他通到心臟的一條血管不通了。他立刻問如何打通的，我告訴他，醫生用了心導管技術，也裝了支架。他又問我支架如何送入體內的，我告訴他，是從手腕處送進去的，他大為好奇，要我給他看痕跡，我也給他看了。

他又告訴我他在小學的時候，有人送他一本《讓高牆倒下吧》，上面還有我的簽名，他很喜歡這本書，一直保存到今天，他聽說我有一本書叫作《第二十一頁》，他沒有買這本書，可是有人告訴了他這個故事的內容，他問我這個故事是不是真的，因為他一再強調他很喜歡我的書，我就找了一套送他，他要我在每一本書上都簽上我的名字，至於他的名字呢？他說就寫「黃師傅」好了。他覺得這個頭銜很好，也容易記，如果告訴我他的名字，我一定會忘記的。

黃師傅和他的助手在我家工作了一整天，他話說個不停，他的助理幾乎沒有講一句話，可是偶爾會哼幾句歌。我家裡曾經有很多師傅來工作過，粉刷的，修水管的，修冰箱的等等，我都見過，他們都不和我聊天的。黃師傅完全不同，他話講個不停，他似乎很知道我的生平，他知道我當過靜宜大學和暨南大學的校長，也知道我的暨大校長的生命期極短，當時我有點飄飄然，我想我真有名，什麼人都知道我，可是我注意到黃師傅的助手根本不知道我是何許人也，也對我的事情毫無興趣。

黃師傅也告訴了我一些他的事情，他說他家境不太好，小時候有一陣子數學忽然不會，但他碰到了一位義務家教老師替他補習，他的數學立刻考到了九十四分，以後也就沒有再掉下來，可惜他後來和那位老師失去了聯絡，現在回想起來覺得好可惜。

他問了我好多關於博幼基金會的事，覺得那些孩子真幸福，有人照顧他們的功課，他說他在國中的時候，發現班上的同學都有去上補習班，或有父母和家教可教，他是少數未能上補習班，又無家教，也無父母可幫助的孩子，功課跟不上，也不能怪他。

第二天，黃師傅一個人來做收尾的工作，他幫我將音響設備裝上架，也幫我將設備與設備的連線弄好，插入電源以後，我忽然發現韋瓦第的〈四季〉如此好聽，我也試了電視。大功告成，黃師傅收了錢，準備告退了，但他沒有立刻離開，他從背包裡拿出一張照片給我，照片裡的男孩看來是個小學生，大約十歲左右，他問我能不能認得出這就是他小時候的模樣，我當然認不出來，十歲到二十幾歲，任何人都變了太多，但我發現照片的背景卻是我熟悉的，當時他站在一條長廊裡，我認得那根柱子和長廊裡的一張長椅，這不是我一直在作家教的地方嗎？後來這個兒童中心改建了，這條長廊不見了。

黃師傅問我記不記得黃思宏，我想起來了，黃思宏小學畢業後，就離開了那所兒童中心，在兒童中心的時候，我作他的家教，我現在想起來了，他的確有一陣子數學奇差，被我一指點，分數就跳到了九十四分，我記得他當時搞清楚了分數加減。不知何故，黃思宏離開了兒童中心，我就無法再教他了，雖然沒有教他，我卻一直和他保持某種程度的聯絡，我知道他家境不好，也曾給他一些金錢上的幫助。他畢業以後，有一陣子在一家不太好的地方工作，我曾大管閒事，拚老命勸他離開那裡，他離開了，使我放心不少。之後我就和他失去聯絡了。

久別重逢，我真是百感交集，黃思宏雖然是個中輟生，他顯然沒有變壞，而且已有一技之長，我替他感到高興。我這才恍然大悟，黃師傅並非陌生人也，他根本就是個熟人，難怪他對我的事情如此清楚，我自作多情，以為天下人都認識我。

可是我仍有一點疑問，為什麼他話這麼多？他笑了起來，他說他常常去人家家裡做裝潢，發現那些屋主很不願意和他聊天，他們總認為工人應該默默地工作，不該和屋主聊天的，而黃思宏這次是故意地測試我一下，如果我的確是關懷弱勢的，我應該會喜歡和工人聊天，不會拒他們於千里之外。當初我對他表示關懷的時候，他是個學生，老師關懷學生，是容易的事，現在他是個工人了，我如果真是個好人，應該仍會和工人聊天的，他一開口，就知道我一點都不會拒絕他。不過他實在沒有料到我的話更多，他說一句，我會說十句。

我問他如果我不願意和他聊天，他會怎麼樣？他說如果我不理他，他就不告訴我，我過去是他的老師了，因為他認為真正好的老師不會看不起任何人的。

黃思宏實在不了解我，我向來和任何人都可以聊天、農人、工人，計程車司機等等，說老實話，我最不能聊天的對象是假惺惺的人，或者非常自以為是的人。

黃思宏離開的時候，我向他要電話號碼，他猶豫了一下，我跟他說「師命不可不從」，他只好給我了。他一定料到我已退休了，平時已無聊天對象，他既然如此話多，我就常常打電話去騷擾，每次聊天，他回答的永遠是「嗯」，「是嗎？」，「真的假的？」昨天，我又和他打電話，講了一陣子，他完全不講話了，我只好掛上電話，十分鐘以後，他打電話回來，向我道歉，說他實在太累，和我通話時睡著了。

今天早上，那位設計師來看看他設計的架子，然後他告訴我，黃師傅逢人就說，千萬不要和李教授聊天，大家都不懂他為什麼如此說。

我想我現在一定惡名昭彰了，大家都說我話多，但是我至少通過了黃師傅的測試，仍保住了我的好人頭銜。

兩小時以前，黃思宏打電話和我聊天，一聽就知道他是來噓寒問暖的，我這次很識相，沒有講多久就結束了通話。黃思宏，你要知道，你可以測試我，我也可以測試你，我要看看你是否能體會到一個老人的寂寞，恭喜你，你通過我的測試了。

我們師徒二人，都是好人也。

同學會

這是一場豪賭，賭的是老黃會不會失去鎮靜，老黃的鎮靜是有名的，但我相信，在他做了那種事以後，他很難保持鎮靜的，我可以說，我賭贏了。

和老同學見面永遠是最快樂的事，今天晚上，我們五位大學同學又在黑貓咖啡館聚頭，我們都是大學戲劇社的同學，每過一陣子，就會見面。這次見面，大家都提到老謝，他失蹤已經快一個月了，音訊全無，同學們不禁有點擔心，他會不會已出事了？

聊著聊著，老張的手機響了，他到走廊上去接電話，回來以後，他很興奮地告訴我們一個好消息：老謝打電話給他，而且也要立刻趕來和我們大家見面。我們都很高興，當然也都很好奇，究竟他到哪裡去了。

老謝一到，我們一齊站起來歡迎他，他說他到非洲去拍風景照了。老謝的攝影技術非常好，作品也得到了很多獎。這次，他帶了筆電來介紹他最新的作品，他說他很對不起大家，到非洲去，忘了告訴家人，害得家人只好報警。以後絕對不會再如此做了。我們乘機罰他這次聚會由他請客，他很痛快地答應了。

當我們和老謝很熱絡地聊天的時侯，平時話多的老黃卻比較沉默，而且他臉色發白，還冒冷汗。我們問他怎麼一回事，他說他今天腸胃不太好，現在又發作了，我們都勸他回去休息。

就在此時，又來了一位戲劇社的同學，他和老黃相當熟，看到他好高興，老黃就只好留了下來。我們也請這位新來的同學參加我們的聚會。老黃將我們一一介紹給他，當老謝被介紹的時候，這位新來的同學忽然問：「他是最近失蹤的老謝嗎？」我們說是的，他臉色大變，他說：「我認識老謝，他完全不是這個樣子的，這個傢伙絕對不是老謝。」大家鴉雀無聲，沒有一個人作出任何反應。新來的同學急了，他對老謝說：「老謝右手有一個胎記，你現在捲起袖子來，讓我們看看有沒有這個胎記。」

老謝沒有反應，也沒有捲起袖子。現在，輪到我講話了。我說：「今天聚會，四個人講好的，要有一個假的老謝來到，老張的手機電話也是假的，這位新來的同學也知道老謝是假的，他被我們請來演戲的。唯一我們沒有告知的是老黃，現在問題來了，老黃，你明明知道這位所謂的老謝是假的，你為什麼始終不指出來？」

老黃忽然恢復了鎮靜，他喝了一口水，清了清喉嚨，開始解釋他為什麼不說出真相來。「老張說老謝要來，我就知道這是不可能的，因為老謝早已死了，是我殺死他的，但是我當時不能講，因為我一講，就要承認我殺人。我想反正那個假老謝來了，大家一定會發現他是假的，我根本也不必發言。我沒有想到大家居然歡迎他，好像他是真的老謝。這下子，我慌了，我應該立刻指出他不是老謝，但我失去了勇氣。現在回想起來，我如果說他是假的，我就沒事了。可是，事情發展得如此之快，而又完全出乎意料之外，我實在無法在瞬間作正確的決定的。」

隔座的一位先生走了過來，他對老黃說，「黃先生，我是檢察官，專門辦這個案子的，這五位先生都聽到了你剛才所說的話，他們都將是這個案子的證人，你現在就跟我走吧。」

這是一場豪賭，賭的是老黃會不會失去鎮靜，老黃的鎮靜是有名的，但我相信，在他做了那種事以後，他很難保持鎮靜的，我可以說，我賭贏了。

老黃忘了我們都是戲劇系的同學，我們演了這場戲以後，一定不會再演戲了，因為這場戲將永遠帶給我們痛苦的回憶，我相信，我們會有好一陣子不會再開同學會了。

下卷

孩子，你不錯

讓我們大聲說：孩子，你不錯

我先講幾個故事。

故事一：有一次，一位家長帶著他的孩子來看我，家長說孩子的老師常常冤枉孩子，給他很低的分數，因為他講不清楚，我只好看他的練習簿，前面幾次都在九十分以上；有一次，他得了八十六分，這個孩子一看到八十六分，馬上悲從心來，痛哭流涕不止。

故事二：一次演講完以後，一位家長問我：「我的孩子相當不長進，考得不好也無所謂。」我問他，他最低分是多少，他說八十二分。

故事三：一位家長告訴我，他的孩子發現自己只考了三百八十分，就哭了一夜。

故事四：一位高中校長告訴我，他的學生對自己沒信心，因為他們的基測成績不好，我就問他，最低分是多少，他說是三百七十五分。

基測過後，很多老師會說某某同學在基測中重挫，心情受到嚴重打擊，有些老師還說，你怎麼只考到ＰＲ九〇？在台北市，如果你基測考三百二十分，情況就很不妙了。可是，我們必須知道，三百二十分大概等於考到滿分中的八十分，在校內的考試，考到八十分，我們作老師的就會很滿意學生的程度；到校外去，又考到了八十分，我們應該以此為驕傲。可是，在台北市，這種學生受到的是打擊，不是鼓勵，心情是沮喪而不是高興。

一般說來，任何一個學生只要會了基本的學問，在社會上一定可以立足的，不要說考到三百二十分不該感到沮喪，即使考到兩百七十分其實也相當不錯了。我們的教育制度只知道鼓勵程度非常優越的孩子，而對於程度已經不錯的孩子，卻吝於鼓勵，而且會在有意無意中給他們無情的打擊。

我認為孩子只要學到某一程度，就該給他鼓勵；在我所主持的博幼基金會，只要你學會了四十個英文單字，就會拿到一張有我親筆簽名的證明，如果會現在式的中翻英，又可以拿到一張證明。我們這樣做無非是，一方面要充分知道學生的程度，二方面是要使學生對學習有興趣。

可惜的是，整個社會沒有這樣做，以至於大多數學生對自己是沒有太大信心的。一個人如果對自己信心不夠，當然也談不到野心了，所以我們有時候發現國人在追求卓越上表現得不好，不太敢做非常有挑戰性的事，舉例來說，我們的工業產品沒有相當高級的，並非工程師水準不夠好，是沒有給他一個機會發揮他的能力也。

我們應該有一個真正的基本學力測驗，這個測驗與入學無關，而是要知道各級的學生，有沒有到達最基本的要求。如果達到了這個要求，政府就應該給他一紙證明以茲鼓勵。年輕人一方面需要感到壓力，但也更需要受到鼓勵，惟有鼓勵，才會將孩子的潛力發揮出來。

——二〇一〇年六月五日　聯合報

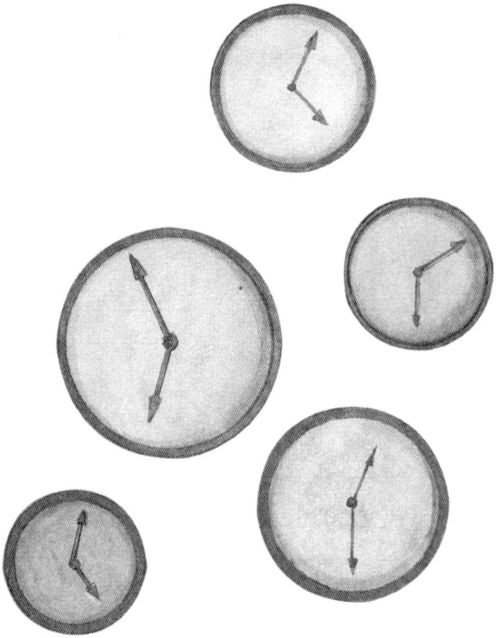

偏鄉孩子學不好該怪誰？

又是考試季節了，新聞報導都集中在哪一位同學考得多好，也會報導考到明星學校要多少分，就是沒有人注意一些偏遠地區孩子的學業程度。

現在基測滿分是四百一十二分，我發現有些偏遠地區國中的平均基測分數是一百三十分左右，這些孩子將來何來競爭力，很多孩子恐怕會終生靠打零工過活。任何社會總會有程度比較差的孩子，但是如果一個地區的孩子普遍地學業程度差，我們政府總不能假裝看不見吧。孩子功課不好，有可能是不夠用功，但是普遍地不好，我們總該要檢討一下原因，而絕對不可以認為這是孩子的錯。

偏遠地區孩子之所以功課不好，最大原因是在於整個社會認為這是一件很自然的事，而且這些孩子的家長也不會埋怨社會，因此這種現象存在很久了。對於政府來講，他們絲毫沒有感覺到選票上的壓力，也就不會注意這件事。

我曾經做過一些抽查，發現很多偏遠地區的小學畢業生連father、mother這種字都不會拼，分數的通分也不會，試問這些孩子如何能夠念國中？不知為何，我們始終不能保證絕大多數的孩子有最低程度，我們也不太知道偏遠地區的孩子在智力上和城市孩子差距其實不大，只要我們真正的關心他們，他們一定可以學得好的。

遺憾的是，我們的確沒有注意到偏遠地區的英文老師不夠，那些可憐的孩子很多一週只上一節英文課，孩子的父母不會英文，也無可能上補習班或者請家教，一週下來，早就將老師教的忘得一乾二淨。反觀城市裡的孩子，在國一的時候，相當多的人已經通過全民英檢初級的考試。我曾遇到一位小六生，他已經在做聯經出版社網站的第七級翻譯，這一級應該是給大學生做的，下面就是一段例子：

「張伯伯說，如果不是這件棉襖以及那個小兵的水壺和乾糧，張伯伯可能會凍死，也可能因為缺水缺糧而死在戰場上。所以他一直帶著這件棉襖，因為他一直對棉襖的主人心存感激。」

由此可知，我們偏遠地區小孩多可憐，他們的家長根本不知道有這種免費的網站可以練習英文，家裡沒有電腦，無從上網，將來如何和城裡的孩子競爭？

偏遠地區孩子功課不好，我們是可以幫助他們的，比方說，叫他們每天做完作業再回家，老師應在旁邊看他們做作業，也許很多人認為老師已經很忙，不可能再做這一類的事，可是誰都知道，偏遠地區學生越來越少，政府正在逐漸減少學校的名額，如果不減名額，我相信老師會有時間幫助學生的。如果偏遠地區英文老師永遠不夠，這些地區的孩子英文一定趕不上其他地區的孩子。

結論是，偏遠地區孩子程度差，不能怪他們，我們要負絕大的責任。

——二〇一〇年七月三日　聯合報

加考英聽　倒楣的是弱勢生

最近，有人建議考大學要加考英聽，不論這個考試用何種方式執行，我都反對。

我認為現在高中生的負擔已經非常重了，如果再加上英聽，恐怕最高興的是補習班，最沮喪的是弱勢的孩子。他們的家庭不會講英文，他們也沒有任何的設備，別忘了，很多弱勢家庭根本沒有電腦，更不要說網路了，如何和家庭好的孩子比，考英聽的結果，絕對會使教育差距越來越大。

英文聽力不好，最重要的原因乃是因為認識的生字不夠多。我們總不能規定對方只用一千個英文字，所以不妨看看我們的大學生，究竟能不能看得懂教科書，不必問他聽不聽得懂ＢＢＣ廣播。我曾經從英文資訊教科書中選了六個句子，這些句子對我而言是絕對看得懂的，我讓很多大學的資訊系學生翻譯這些句子。沒有想到的是，很多後段班大學的學生幾乎全軍覆沒，他們根本連很多該認識的英文字都不認得，這些單字也都是資訊學科絕對該認得的字。更令我大吃一驚的是，即使我國最優秀的大學，也有一半受測驗的學生，在翻譯上會犯錯，而錯的句子是一個比較長的句子，同學們弄不清楚主詞和動詞是什麼，因此完全誤解了句子的意思。

值得慶幸的是，我指導的研究生大獲全勝，沒有一位翻錯了句子，這不是一件偶然的事。這些學生必須用英文和我寫信，用英文寫報告，每週一定要看一篇英文的新聞報導。如果他們的英文句子出了問題，我一定會改正，每一週他們也要寫一篇英文作文，我也會改這篇作文。也就是這個原因，他們的英文有很大的進步。

當前該注意的是，如何幫助大學生，使他們的英文更好，這不是一件簡單的事。大學的英文教育必須非常腳踏實地，我常常說，最起碼的條件就是大學生看得懂英文的本科教科書，同學們之所以看不懂英文教科書，最大的原因仍是生字不夠。如果大學生每一週都有人考他本科教科書上的生字，日久天長，他的生字就會增加。除此之外，分析句子的能力也是一件重要的事，英文句子往往很長，即使找到了主詞，動詞往往在很遠的地方，同學常常會找錯了動詞，當然就完全誤解了句子的原意。

會聽、會說、會寫英文，恐怕根本就是奢侈品，先立下一個比較重要的目標，使每位同學都能看得懂本行英文教科書，這恐怕就要送掉半條命了。

英聽千萬不要考，生字不多，英文聽力絕對不會好，考英聽又是那些強勢學生會占極大的便宜，我們弱勢的孩子絕對倒楣的。

——二〇一〇年七月十六日　聯合報

徬徨後段生：我能做什麼？

政府公布我國貧富不均的資料，民國九十八年，我國前百分之二十的收入是後百分之二十的八點二二倍，最值得注意的是，後百分之二十的家庭可分配所得只有二十二萬，每月所得還不到二萬。

很多人都注意到了這個問題，經濟學家的普遍想法是我國的租稅制度極為不公，導致有錢人會錢上滾錢，窮人無法如此做，因此差距越來越大。

對於貧富不均的問題，專家們的感覺永遠建築在一些數字上，而對於我們的窮人，事實上是沒有切身的經驗的，可以說，專家們可能抓不到問題的核心，為什麼窮人會越來越窮。

有一家電子公司，老闆非常希望能夠幫助偏遠地區的孩子，因為他發現偏遠地區的孩子即使高中或者高職畢業，好像仍然找不到工作可做，於是他就和一所偏遠地區的高職聯絡，說他的公司會對這所高職有一些優待，線上作業員會優先考慮他們的學生，學生們當然非常興奮，老師們也很高興，可是，幾年下來，沒有一位學生能被錄取，理由是他們無法通過公司的測驗。

我對於這個測驗非常好奇，就去看了一下，發現這個測驗實在相當簡單，電子公司的作業員總要懂一些英文字，遺憾的是，這些學生們就是不認得這些字，我必須說，這些字應該是國中一年級學生就會的。我也去看了那所高職的英文教科書，發現這些教科書的內容，遠遠超過了那所學校學生的英文程度，換句話說，這些學生的英文根基非常不好，可是，老師們依然要用標準的教科書，學生其實是完全沒有學，畢業的時候，什麼也不懂。我們可以代他們問，「我能做什麼呢？」

這是我們大家都應注意的事，很多國民真的沒有競爭力，他們唯一可做的往往是打零工，今天可能有工作做，明天就可能沒有了，也因為如此，這些打零工的往往無法累積經驗，成為有技術的工人。

一旦成為窮人，他的孩子在教育程度上，也通常遠遠落後於父母社經地位高的孩子，他們長大成人，又可能要問，「我能做什麼呢？」

我們要解決貧富差距問題，當然一定要振興經濟，可是，也不要忘了，即使經濟成長到達相當好的狀況，如果國民中有相當多的人是沒有競爭力，他們就無法找到好的工作，即使經濟再好，他們也永遠是邊緣人物。

我們要建立一個觀念：貧富差距是由於教育差距所造成的，只要教育差距存在，貧富差距絕對無法改善。目前很遺憾的是，很多人只注意到我們有沒有造就出成績非常好的學生，而沒有注意我們有沒有將程度最差的學生拉拔起來。

希望馬總統能夠有一個計畫，逐年地提高全國後段班學生的程度，使他們多認識一些英文字，也不會對數學、自然等等感到非常害怕，如果我們國家最後段班的學生程度逐步地提高，我們的最低收入也一定會提高的。

——二〇一〇年八月二十一日 聯合報

誰讓學生死背的？

最近媒體開始討論國小社會科太難的現象，這的確是個嚴重的問題。要應付這種難題，小朋友只好死背，死背一直是我國教育界的痛，不僅小學生在背，大學生也好不到哪裡去，誰都想減輕這種死背的現象，可是大概不可能立刻消除。我在此提出一些觀念，抛磚引玉，供大家參考。

我們教科書內容常常超越學生能力，比方說，小學生的社會科，考試就可能使學生非背不可。國中的自然課提到遺傳，也提到ＤＮＡ，對我來講，ＤＮＡ牽涉到化學，國中一年級的學生不可能懂ＤＮＡ的，因此養成一個習慣，就是死背下來。

到了高中要學半導體，很多學生學了半導體以後，無法了解半導體在工業上的作用，要了解這個，必須了解半導體加入雜質以後的性能，這談何容易，同學又只好似懂非懂地死背了。我曾看過高中經濟學考題，很多大學經濟系教授說，這一類問題，高中生是不可能了解的，但高中生好像無所謂，因為他們養成習慣了，管他懂不懂，只要背下來就可以了。因此，只要我們的教材太難，學生永遠都在死背。

我們社會向來沒有挑戰權威的想法。過去，我們不敢挑戰古聖先賢，現在，我們不敢挑戰洋人，因此，我們不停地教導學生美國史丹福大學校長講的話，學生也養成習慣，重複這些人的話。這種不敢挑戰權威的現象，使我們不敢批評微軟的軟體，無論那些軟體多麼不好用，大家也永遠在替外國廠商辯護，結果，芬蘭一個年輕人開始寫自己的操作系統，現在全世界都在採用這個系統。我們的學生還在背書上那一套。

我們的教育過分強調書本上的知識，而不太鼓勵學生做實驗。以物理為例，很多人念過電子學，但是很少人會做非常基本的電子學實驗，學生對電子學的了解幾乎全部來自書本，如果學生被迫要做電子學的實驗，我絕對相信，我們的學生不再死背。再以電路設計為例，如果學生被迫有動手做的習慣，立刻會對電路設計有所謂工程上的感覺，也會發現書上講的那一套，並不一定夠用，自然他們也不需要死背了。

要使學生不再死背，我們老師要負起責任來，我們必須重新檢討教材，教材如果不是太難，同學可以真的理解，當然就無須死背。同時，我們也一定要知道，考試時，要避免那些強迫學生死背的考題。比方說，問學生操作系統有多少種，因為不同的看法，就會有不同的答案，可是老師不會允許學生有自己的想法，他認為學生必須回答得和他所選的教科書講得一模一樣，這是經常發生的事，也使得我們同學只好死背。最重要的，還是要逼迫學生動手做實驗，從國中就要開始，使得學生的知識，不完全一字一字地來自書本，而是經過思考得到的。

人。

最後，我們老師自己要有挑戰權威的想法，否則我們的學生永遠在跟隨別人。

——二〇一〇年十一月九日　聯合報

與狼共舞　養大黑道毒瘤

選舉前夕，我們發生了連勝文被槍擊悲劇，至今雖不清楚槍手開槍的動機，但他是黑道，卻是不爭的事實。

我們社會都知道黑道存在，也知道黑道不該存在，但又認為黑道是去不掉的，黑道好像是身體裡的一個瘤，但是一個良性瘤，不必太過關心。這次槍擊事件應該使我們有所覺醒了，連勝文並沒有和黑道有任何牽連，仍然遭遇到黑道槍擊。那一位參加造勢晚會的民眾，死得更加冤枉。

我之所以痛恨黑道，除了他們欺壓良民以外，最可惡的是，他們會吸引弱勢孩子走入不歸路。每次黑道大哥出殯，隊伍中必會出現大批滿臉稚氣的年輕人，大多數都是中輟生，都是學業程度落後的學生；他們往往沒有什麼自信心，也無法受到主流社會的尊敬和認同。黑道大哥們看準了這一點，讓這些孩子們在黑道團體中獲得某種程度的尊敬。最可怕的是他們被黑道引誘而感染到毒品，一旦和毒品有約，這個孩子就只好乖乖地成為黑道一分子。

黑道除了包賭包娼以外，當然也會介入很多公共建設的投摽，他們更會經營地下錢莊，如果有人還不起錢，他們的討債機制非常有效，值得注意的是，替他們去討債、運送毒品和販賣非法光碟的都是小孩子，關入監獄的也是這些可憐的窮小孩。

為什麼黑道永遠存在？道理很簡單，我們一直與狼共舞，大哥出殯，警方會主動地維持交通，也就表示政府是承認黑道的合法性和他們的重要性，我們的警官居然經常到黑道開設的休息處所喝茶打麻將，政治人物往往在大哥級的葬禮上露面，或者至少送上花圈；值得注意的是馬英九好像從不和黑道的葬禮有什麼關聯。

這次槍擊事件後，政府高層立刻表示震怒；震怒是沒有用的，警察出入黑道的休息場所，高層也曾震怒過，也曾信誓旦旦地說要一勞永逸地掃除黑道，但顯然黑道仍然活得好好地。這次行凶的黑道人士並非大人物，但仍然有如此多的彈藥，我們可以想知有多少黑槍在黑道的手中。

要消滅黑道，我們必須不讓政客和黑道有所掛勾，更不能讓警察成為黑道的共犯，由於積習已深，政府必須有新做法，不能聽由警察自己執行自清的工作。最值得政府做的是防止黑道吸引中輟生和在校的學生，這項工作可以斷絕黑道的新血輪。

黑道一日不除，很多弱勢小孩子會被引誘走上悲慘不歸路，社會也不得安寧，只要有政要和治安人員繼續與狼共舞，我們一定會有槍擊慘劇。政府應拿出辦法去除黑道毒瘤，我們不能和毒瘤和平共存。

——二〇一〇年十一月二十九日　聯合報

正視霸凌 幫他脫離邊緣世界

最近發生很多學生霸凌事件，其中最可怕的是一位女學生被集體的性侵害，日昨又發生有同學用美工刀威脅別的學生。值得注意的是，這些霸凌事件都有學生圍觀，美工刀事件甚至有學生鼓譟要刺下去。我們不能不注意這類的事情。

不難發現參與霸凌的學生，多半來自弱勢的家庭，這些家長已經失去教導孩子的能力，以那位女學生被集體性虐待為例，這些孩子鬧到清晨兩三點，家長好像無所謂，這是多麼嚴重的事。

孩子會和人打架，是比較不稀奇了；可是，最近發現青少年所做的事，有非常不正常的現象，很明顯，他們一定是看了社會上充斥的不正常光碟和電影。目前政府毫無辦法禁止孩子看這種色情光碟，即使我們可以對出租光碟的商店，予以規範，青少年仍然會在網路上看到這些不好的色情光碟。

那一次集體凌虐的孩子，異口同聲說他們看了《艋舺》，他們還認為所做所為是沒有錯的。小孩子如果看多了這些玩意兒，會認為暴力乃是生活中常有的事。美國就曾發生五位男生輪姦一位女生，長達兩小時之久，居然有二十幾位同學圍觀，沒有報告老師，也沒有報告家長，更沒有報告警察，為什麼？無非是因為，他們認為這種事情稀鬆平常，他們在電影、光碟和漫畫中，成天接觸了這種情節，我國絕對會有這種事情發生。

對於霸凌事件，我們應該全力幫助弱勢的孩子，將他們的功課搞好，一旦功課好了，他們會對自己有更大的信心，也會有更大的自尊心。我相信，他們慢慢會離開所謂的社會邊緣，進入社會主流。當務之急，絕對是要拉拔所有弱勢孩子的學業程度。

要知道，弱勢家庭的孩子往往缺乏所謂判斷力，無法了解這一類暴力行為是不對的，這有一點像一個人身體弱時，一旦接觸到病毒，就會生病。要幫助他們，一定要使他們能夠比較明辨是非，可是，如果他們連最基本的功課都不會，實在不可能要求他們有好的思辨能力。

總之，霸凌事件的發生，不是偶然的，國家只要有弱勢孩子，就極容易有糊塗孩子，我們要努力地幫助弱勢孩子，不能讓他們再糊塗下去。

——二〇一〇年十二月十七日　聯合報

不因材施教　難怪孩子挫折

這幾年來，我發現有很多的國中生，對於一元一次方程式都感到很難，二元一次方程式就更加難了，於是我想，我從前在成功中學念初中時，我們那一班並不是什麼由資優學生所組成的，可是記憶所及，好像幾乎沒有同學不會一元一次方程式和二元一次方程式的。

有好一陣子，我感到很困惑，為什麼當年我的同學中沒有這種問題，後來我忽然想通了，當年要進入成功中學念初中，是要經過考試的，所以全班同學都有一定的程度，而且大概說來也都夠聰明。可是，現在進入國中不需要考試，因此有很多的同學程度其實是不夠的，他們可能搞不清楚學一元一次方程式所需要的基本數學，比方說，負負得正，以及分數的加減乘除。

對於這批同學而言，一元一次方程式是很困難的，不僅如此，我們必須承認孩子的智力是有差距的，有的孩子對於數學的接受度就是很低。我們的教育制度完全忽略了這個情形，孩子不夠聰明或程度不夠，也要學當年我所學的數學，難怪很多小孩對國中數學感到頭痛。

六十年前的教材並不太難，所謂不難是指對那些程度不錯又還夠聰明的孩子而言；六十年後，我們收的學生不能限於程度高而又夠聰明的孩子，什麼樣的孩子都要收，這是好意，但是我們沒有替他們設想，教材他們能不能接受。

六十年前，我所學的數學，比現在的數學還要容易一點，比方說，現在國二要學圖形，我是在高中才學這個玩意兒，當時我們的老師教很多難題，卻不太會考難題，現在很多老師教得很少，也教得很容易，考試時卻有相當難的題目。我再說一句，難怪孩子學不好。

事已至此，我們也不能走回頭路，將不夠聰明以及程度不好的學生摒除在外，因此我建議要做兩件事：

一、我們應該因材施教，吸收力比較慢的孩子也是可以教的，但必須教得慢一點，也不能要求他們會作難的題目，只要到了一個最低標準，就給他們鼓勵。現在的做法是給他們無情的打擊。

二、我們應該注意小學生的程度，如果小學生在國文、英文和數學上都有不錯的程度，到了國中就不會有太多學習困難。最近，我碰到一位高中老師，他告訴我他有一個學生，英文完全不會，他就請他寫下英文二十六個字母，這位學生寫了以後，發現只寫了二十二個，其中當然有四個不見了。我們應該同情這個學生，因為他在小學時就應該學會二十六個英文字母的，而且他也一定學得會，問題在於當時沒有人教他。

我們應正視殘酷的現實，學生有程度不夠的，也有不夠聰明的，六十年前沒有這種現象，現在有了，如果仍然用過去做法，教育M型的現象會繼續下去。

——二〇一一年五月十七日　聯合報

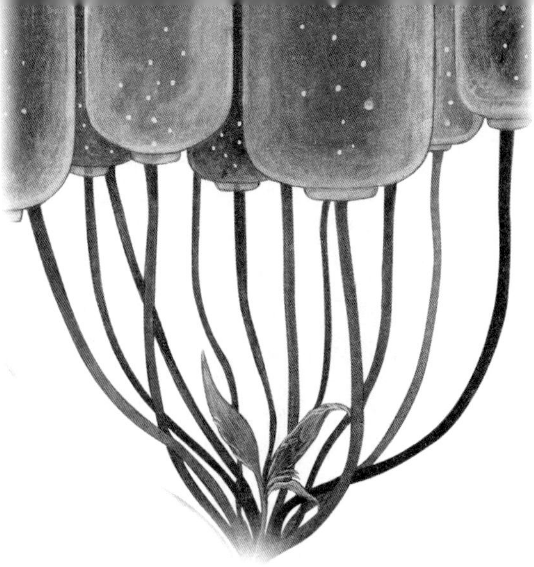

十二年國教　別只在升學上空轉

最近政府不斷提出十二年國教方案，但因社會對於國中生如何升學並無共識，不論政府怎麼做，都會有人強烈反對。為了使反對聲音減少，政府有時採取折衷方法，結果是雙方都反對，變成一件極不討好的事情。

我認為必須對兩件事情要有堅定的立場。一是明星學校有無存在的必要。二是完全性的免試升學，有沒有極可怕的後遺症。

很多人認為明星學校絕不能存在。理由是只要明星學校存在一天，就會感受到升學壓力。但是打倒了明星學校後，會有很多私立高中仍以考試招生。設想建中消失後，會出現一些貴族型私立高中，變成有錢人才能進，難道這是我們該有的教育制度嗎？

任何國家都需要有一批精英分子，科學界、工業界，以及人文界都需要這種人。所以明星學校絕對有存在價值。如果明星高中完全消失了，大學的程度一定會大幅下降。

至於免試升學，很多地區的高中職一年級空額，遠遠超過當地國中畢業生數目，很多學生在基測中幾乎沒有得到任何分數，也照樣升學了。我們只看到台北市很多學生過分用功，而沒有注意到很多弱勢孩子完全不念書。基本學力測驗對於些孩子來說多少都是一種壓力，也許這種壓力對他們而言不是太大，但畢竟是壓力，也是使他們念書的一個原因。一旦完全免試，他們會認為用功念書和不用功念書差異不大，相當多的孩子就不念書了。

政府想在國中舉行會考，對於程度不好的學生，將不給他們升學的機會。對於這一點，我不贊成。孩子到國三，才發現程度不高為時已晚，再怎麼用功恐怕也無法升學，對他們來講，是一大打擊，也造成極大的社會問題。

我認為不該在如何升學上打轉，而應該全力提高後段班學生的學業程度。要提高後段班學生程度，必須在國小就注意到全體學生的程度，絕不能放棄任何一位。對於程度差的學生，國家一定要有某種機制，使他不會對上學感到痛苦，我們應該全力幫助這些功課不好的孩子，這才是目前最應該做的事。

考試乃是大多數人無法逃避的事情，總不能靠抽籤升大學吧！想作護士、想作律師或法官也都要考試。問題在於我們整個社會過分地吹捧考取建中、一女中的高材生。

我們有很多同學基測也考到三百二十分，相當不容易。遺憾的是，社會沒有對一般同學給予任何的掌聲。要減少升學的壓力，必須大聲地對相當多的孩子說你們考得不錯的。我們不要吝於鼓勵，如果告訴絕大多數的人，你們已經不錯了，升學壓力絕對會減少的。

總結一句，我認為不該在升學制度上空轉，而應該好好地注意如何幫助那些功課不好的小孩，也應該給予絕大多數考得還不錯的同學掌聲。至於明星學校，應該讓他們存在，國家要靠他們的。

——二〇一一年六月二十九日　聯合報

十二年國教　一廂情願的理想

今天有兩則新聞，都是有關國人權益的。一則是在民國一〇二年，高速公路將取消人工收費，另一則是在民國一〇三年，十二年國教一定要實施。對於前者，交通部說要立法，在修法前必須取得社會共識。

取消人工收費，並非相當可怕的事，但是交通部仍說要得到社會共識，並且要等修法成功才能實施，但是十二年國教，就完全不同了。

這件事，攸關下一代莘莘學子的權益與教育品質，是人人都該感到緊張的事，教育部卻能逕自下達命令，奇不奇怪？

十二年國教，如採大學區制，有孩子恐怕會被派到非常偏遠的學校去，比方說，台中市區的學生可能會分發到埔里去，這樣，家長可以接受嗎？

十二年國教，看來很多學生會由抽籤決定上哪一所學校，我只能說，這是一件大工程，也是不可能令人滿意的，抽籤不能同時進行，可想而知的是：大批孩子要一個一個地來抽，但抽籤次序呢？誰有權決定抽籤次序呢？我們又要有一個抽籤來決定抽籤次序了。

學生家長的反彈，絕對會造成社會的不安，但更重要的是：十二年國教對於教育的品質，有利還是有害？

這才是教育當局最該注意的事，如果我知道將來升學要由抽籤決定，我會用功嗎？教育部一定要回答我這個問題。

對於有希望能進入明星學校的學生，他們的升學壓力減少了嗎？明星學校的數目有限，很多功課好的同學，發現想進的學校少了，他們只有更加拚命。

十二年國教能減少補習班嗎？在此提出一個警告，過去政府所有的教育改革，都未能減少補習班，反而使補習班的生意越來越好。

北北基事件應該給政府一個警惕，一個技術上的失誤，造成如此大的民怨。在我看來，十二年國教的影響，遠遠大於北北基的改革，政府不僅要注意人民的權利，更應該注意到這件措施，會不會大幅度地降低學生的程度，這是大事，不能一廂情願在「理想」的大旗下貿然實行。

既然取消人工收費，都要取得社會共識，經過修法才能實施；為何十二年國教，可以一宣布就實施？學生的教育決定他未來的命運，也決定國家的命運，政府必須小心從事，一旦失誤，對國家的損失，恐怕是難以想像的。

立委們，為何你們不注意這件事呢？

——二〇一一年八月五日　聯合報

為何如此痛恨紙筆考試？

我們的國家真是越來越怪了，台北市的教育局鼓勵老師對國一的學生實行口試。國一上的學生，要學一元一次方程式，如果老師問x－1＝3，x等於多少，學生大概可以不用紙筆就答出來了，如果老師要學生解，試問這個學生在不用紙筆的情況之下，如何能算出來？

口試其實是最難的，因為如果是紙筆考試，不夠聰明的同學可以花一段時間去想一想，然後求出答案來。現在換成口試，孩子面對一位老師，早已嚇得半死，一下子想不出來怎麼做，老師因為時間已到，請下一位同學來考了。對於很多學生而言，他們可能考零分。

口試如何考申論題呢？假如老師問「甲午戰爭對我國有何影響？」如果紙筆考試，學生可以整理一下他的思想，然後很有條理地寫下來，面對口試的老師，學生要立刻回答，怎麼可能？

最嚴重的是：老師很難使家長滿意了。紙筆考試，有考卷作為依據，家長通常不會認為老師不公平。口試之後，有的學生拿到E，家長會服氣嗎？

台北市還要用團體討論來代替紙筆考試，這就更加怪了，現在數學老師教完了二元一次方程式，同學們如何討論呢？老師如何知道哪一個孩子根本對二元一次方程式完全不懂呢？假如理化老師才教過「莫耳」，小朋友如何討論呢？

在我看來，台北市的教育官員根本不在乎學生究竟學會了沒有，他們只希望孩子們能快樂地學習，不要成天被紙筆考試壓得喘不過氣來。不過，我要在此嚴厲地警告官員們，將來有一天，孩子長大了，發現自己數學、英文和國文的程度差到了極點，以至於什麼工作都找不到，他會責怪你的。

國中一年級是打好基礎的時候，如果國中一年級的基礎沒有打好，以後也就不要念了。

在國人痛恨紙筆考試的時候，我們不妨看看英國對小孩子教育的做法，英國政府每年都對小學畢業生作一測驗，測驗的項目是閱讀、寫作和數學，今年有百分之六十七的學生通過了第四級，去年是百分之六十四，因為有進步，使英國政府感到高興，但他們也指出，有百分之十的小學畢業生的程度是相當差的。英國的測驗，可想而知的是紙筆考試。

英國政府顯然地很關心英國小孩子的學業程度。令我十分憂心的是：我國政府官員究竟有沒有重視學生的程度，你們的孩子在好的環境中成長，當然程度都不差，你們知不知道，我們有很多孩子程度甚差呢？

台北市的教育官員們，容我問一個問題：在台北市，有百分之幾的學生學會了一元一次方程式？有百分之幾的學生學會了二元一次方程式？

我真希望教育官員們不要每過一些日子，就提出一些新的與考試或升學有關的辦法，你們如此做，只有使學校老師們困惑，也會使家長惶恐。你們該做的是：將國家後段班同學的程度提高起來。要做到此點，你們一定要知道學生的程度，用口試，你們能知道學生的程度嗎？你們能提高學生的程度嗎？

——二〇一一年八月二十四日　聯合報

別再遇缺不補　偏鄉需好老師

我國的流浪教師人數，創歷史新高。因為少子化的原故，學校都採取遇缺不補的做法，看來，情形只有越來越惡化。

首先要注意的是偏遠地區英文教師不夠的問題，很多這類學校的確學生人數在減少之中，因此不再聘請新的老師，但是這些學校也沒有足夠的英文老師。如果想縮小城鄉差距，就必須使偏鄉學校比城市學校有比較多的英文老師。

另一問題是，弱勢家庭的孩子們回家不做功課，因為他們父母工作得很辛苦，無暇督促孩子。也有些家長因自己的程度不好，幫不上忙。最簡單有效的方法，是將孩子在放學後留下來，在老師的督促之下做完作業才可以回家。因此要增加老師，因為督促孩子做作業也算工作的一部分，總不能叫老師平白地多做額外工作吧。

還有一點，我們需要因材施教的做法。不論小學或國中，總有孩子是不很聰明的，很多人可以學會解很難的數學題目，他們做不到，但是一般性簡單的題目，他們又會做。所以我們不應對他們過分要求，但不妨將他們教會解簡單的數學題目。以英文來說，他們也許會閱讀英文句子，但是如果要寫正確的英文句子，就牽涉到文法問題，英文文法對很多孩子是太困難的。對於這種學生，我們也許可以只要求他們看得懂英文，而不必要求他們寫出文法無誤的句子。

因為老師人數不夠，要照顧到這些孩子是幾乎不可能的事，一個班上有幾十個孩子，用的是同樣的教科書，考試時用同樣的考卷，試問我們不是在放棄比較不聰明的孩子嗎？所以我建議多聘老師，使弱勢的孩子也可以受到較好的教育。

更重要的是，我們也要照顧那些資優的孩子，他們所受的教育，應該是和別的學生有所差別，這當然要有更多的老師才行。

希望政府要利用這些教育人力，改善國家的教育，在教育上的投資，永遠是值得的。

——二〇一一年九月三日　聯合報

老師，別低估任何一個孩子

昨天很多學生祝賀我教師節快樂。屈指算來，我已經教了三十六年書，我只有說，我越來越快樂，並不是因為我有很多非常聰明的博士班學生，而是因為我仍然可以將不很聰明的孩子教得很不錯。

有一個小孩，大家都認為他的學習一直都會有困難，尤其是數學，很多人嘗試幫助他都沒有成功，最後輪到我了，我可以很驕傲地宣布，他已經會做一元一次方程式了。其實我有此成就，只根據了孔子的一句話，那就是「因材施教」，也根據了我這麼多年來的一個教育理念：教育一定要從基本做起。

要學會一元一次方程式，一定先要學會正負號的運用以及分數的加減乘除，所以我就先教正負數。我注意到在國中，正負數大概一兩個星期就教完了，其實正負數並不是一般孩子很容易接受的數學，因此我教得很慢，一再地重複練習。等到正負數學得差不多以後，我又花很多的時間，先教會通分，然後再教會分數加減和乘除。在教的過程中，我發現有帶分數的學問，比方說，1又1/2，在運算的時候寫成1+1/2，這樣做當然比較簡單，我也就如此地教，有一次，我傳真了一些有帶分數的習題給這個孩子，沒想到，他將1又1/2寫成3/2，1又2/5寫成7/5，這令我大吃一驚，因為我一直被灌輸一個觀念，這個孩子是不聰明的，我從此以後就放心了，我知道只要他的老師肯耐心地教，他在數學上的領悟力是沒有問題的。他現在已經開始做簡單的一元一次方程式，我將一元一次方程式分成十個等級，我打算只教到第五級就停住，而開始學二元一次方程式，我有絕對的信心，這個孩子一定可以學會二元一次方程式。

我也要開始教他平面幾何，我相信他一定可以學會，也會解簡單的題目，那些要畫輔助線的題目，我就不想教了，並不是每一個人一定要學會做難題的。

博幼基金會有一個特教班的孩子，我們一樣很有耐心的教他，這個暑假後，他去上學，特教班的老師驚為天人，因為他從來沒有教過程度這麼好的學生。

希望全國的老師們都不要放棄任何一個孩子，我們常常低估了他們的潛力，而放棄了他們。說實話，「得天下英才而教之」，不亦樂乎，這種想法使得我們很多老師只想教功課好的孩子，這是相當可惜的。我總認為我們應該反過來，也將一部分注意力放到那些弱勢的孩子們身上，使他們的競爭力得以提高，也使他們對自己更有信心，這是我們老師的神聖任務。

我的經驗是，任何孩子都可以教得不錯的，除了有耐心外，最重要的還是要從基本做起，而且必須循序漸進，不要以為所有的學生都可以舉一而反三的。

——二〇一一年九月二十九日　聯合報

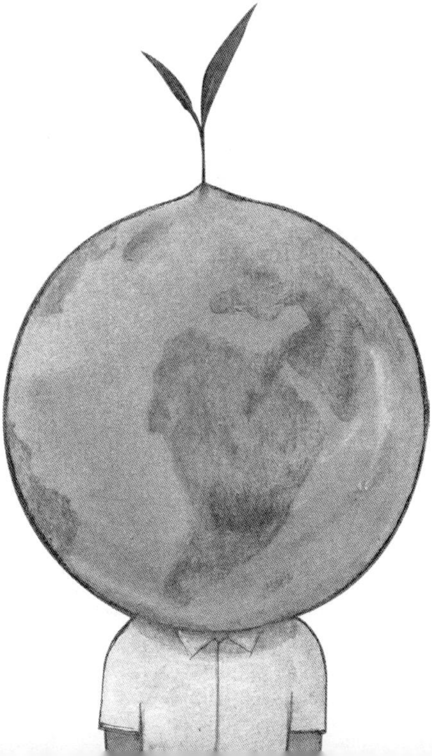

不會創新？是基礎不扎實

下週一，台大電機系很多同班同學將回到母系去，我們畢業五十年了，我們都珍惜母系對我們的教育，個人尤其感激台大電機系給我的教育。

五十年前，我在台大電機系所學到的是真空管技術，可是我現在是一位資訊系的教授，我所教的當年我都沒有學過，為什麼我能成功地轉行？理由非常簡單，在大學裡面，最重要的是學基本的學問，有了這些基本的學問，進入社會以後才能接受挑戰，因為科技的進步而改行，我之所以能夠教資訊科學，我在台大念書時所學到的基本知識是決定性的因素。

我目前的興趣是字串比對，字串比對的演算法中有一種和「傅葉爾轉換」有關，因為從前學過傅葉爾轉換，我就輕易地學會了這種演算法。

我的同學後來在各種不同的領域工作，這些工作都非常先進，五十年前，這些工作所牽涉到的技術是不存在的，但是我們都可以學會這些新的技術。

現在大家喜歡談創新，我要講一件事，五十年前我們所用的示波器品牌是Tektronics，現在仍在用這一家公司所出產的示波器。也許大家會問：是不是因為我國的電機工程師不會創新，所以做不出這種高級的示波器？我的想法完全不是因為我們不會創新，而是因為我們對於最基本的線路設計技術未能掌握。也許有人說，我們早就知道這些線路的原理了；可是如果我們使用的頻率是非常高的頻率，設計這些線路就變得非常困難。所以我始終認為我們絕對要加強學生基本科目的教育，如果我們的電機工程師不會設計非常高級的線路，我們不可能會有價值昂貴的電子儀器，五十年以後我們可能仍在用Tektronics的示波器。

我希望母系的老師們更加注意電子學，我最擔心的莫過於，很多電機系畢業生對於基本的電子學觀念越來越不扎實。舉例來說，很多工程師對於電磁學的了解，遠不如幾十年前電機系畢業生，但是如果我們要設計非常精密的積體電路，電磁學就變得非常重要了。

我也要鼓勵學弟妹們，應先將基礎的學問學好，所謂學好，絕不是背公式，而是徹底的了解，因此必須要有足夠的好奇心，來探討老師們教的學問。老師會教庫倫定律，你們就應該設法了解當年庫倫如何測量電量的，如果他沒有精確的測量電量，庫倫定律的係數如何決定的？老師們一定會教電場，你們就應該好奇電場如何測量的。我也希望你們知道，如果學問不夠好，休想創新。

發明無線傳播是一個突破性的創新，如果不懂麥斯威爾方程式，能發明無線傳播嗎？電腦的發明也是人類歷史上偉大的創新，但是如果不懂布林代數可能發明電腦嗎？

在此重申我對母系的感激，希望母系的師長們能夠使學弟妹們有非常扎實的電機學問，台灣如果要有更高級的電子產品，就要靠這一批有扎實學問的工程師了。

——二〇一一年十月二十七日　聯合報

往下扎根

我們都知道，要發展經濟必須提高我們的工業水準，我們羨慕很多國家能夠生產非常昂貴的產品，比方說，噴射客機、高速鐵路、半導體儀器設備、高性能的引擎以及高精密度的控制器；我們也並非沒有努力，過去數年來，政府在所謂高科技產業上的投資相當之多，但似乎並沒有太好的成就。如果我們檢討一下的話，會發現我們過去太注意所謂前瞻性的研究，太強調創意，而忽略了一件重要的事實：我們的基礎不夠好，所以我們看上去有一些不錯的工業產品，但是這些工業產品的關鍵性技術非我國所有，我們可以說，我們的工業技術是建築在先進國家的技術之上。

馬總統在五二〇談話中，提出往下扎根的觀念，這恐怕是我國唯一來自總統對於基礎技術的宣示，其意義是非常深遠的。也許有人會不太了解往下扎根的意義，以記憶體為例，我國也許會生產記憶體，但並不是每家公司都已經完全知道為何要如此生產，有些公司也許只能完全借用人家的技術，依樣畫葫蘆地生產，一旦別的先進廠商發明了新的技術，我們記憶體的價值就大不如前了。所謂往下扎根，就是徹底地設法了解半導體的基本學問和生產技術的原理。這當然不是一件簡單的事，但如果我們不做，我們將永遠要借用人家的技術。

再舉一例，我們希望能發展出非常精密的儀器，這當然需要創意，可是單有創意，絕對不夠，我們一定要懂得如何設計精密的控制系統，這又牽涉到機械設計、感應器設計以及線路設計等等。我們並非完全對這些技術一竅不通，但我們絕對未能有非常好的技術水準，所謂往下扎根，就是要研究為什麼先進國家能設計出如此好的機械、感應器以及線路。以我國目前的工程師水準，只要假以時日，再加上來自政府的鼓勵，我們一定能夠將這些技術練到爐火純青的地步。到那個時候，我們的工業自然會往上提升，反過來說，如果我們未能做到這點，我們的工業就只好永遠依賴外國，我國將是一個技術輸入的國家。

往下扎根往往不可能是什麼耀眼的工作，一個設計線路的工程師沒有辦法使大官能夠欣賞他的重要性，所以希望政府了解馬總統的苦心，務必要知道，往下扎根不是一蹴可幾的事，它的經濟效益也不可能在短期內看得出來，所以政府一定要有一種機制，使得從事這種研究工作的科學家，能夠受到重視和鼓勵。

誰都知道，萬丈高樓平地起，我們要有科學上非常好的成就，我們的科學家就必須在物理、化學和數學等等上有非常好的基礎。我們希望我們的運動員能有傑出的表現，他們的體格一定要好；我們要有高級的工業產品，也必須在基本的工業技術上有深厚的基礎。也就是說，我們要能輕易地設計出非常好的機械、高級的電子線路，了解各種工業產品生產線上的關鍵技術。馬總統已作出歷史性的宣示，我們關心的是馬總統如何落實他的想法。

——二〇一〇年六月十五日　聯合報

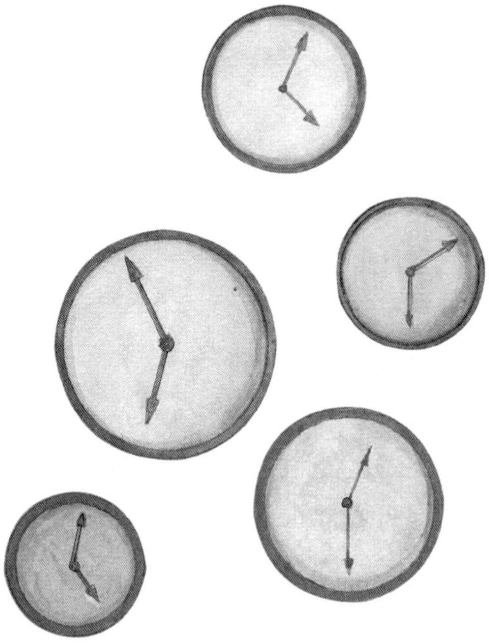

鼓勵軟體業　政府應更努力

任何一個國家都會重視軟體業，因為很少工業產品內部不含軟體，如果我們非常重視國家通訊的安全，就更應該重視軟體。我國的軟體工業在李國鼎先生倡導之下，大約已有三十年的歷史，回顧一下，我們已經有相當不錯的成績，可是也顯然需要更多的努力。

我們的硬體有很多的輸出，可是軟體輸出的分量不能和硬體比。也許大家認為台灣不是先進國家，所以大概不可能成為軟體的輸出國家。但是，以色列和印度都已輸出軟體到台灣，我們手機裡有以色列的軟體，是有關分時系統的，也有印度輸入的軟體，是有關通訊協定的。我們每一年進口的軟體金額總在兩百億元以上，其中當然包含外國公司所要求的顧問費以及服務費用。

最近有一家銀行引進澳洲的銀行軟體，軟體加上顧問服務費用是五億元；另一家銀行所付的外國軟體加服務費用超過了十億元；我國大批製造業所導入的SAP軟體，每一件都是台幣好幾千萬到數億之多。這種現象，好像我國的軟體工業技不如人，其實這是天大的錯誤。

我國有一家銀行至今仍然在用我國自行開發的銀行軟體，這個軟體已經用了二十多年，是當年資策會發展出來的。可惜，我們後繼無力，資策會已解散了當年的團隊。

再看一個例子，我國的戶政系統從任何一個角度來看，都相當地完善，幾乎很少人對這個系統不滿意，希望大家知道的是，這個系統是國人自己發展的。我們到台灣大醫院去看診，都會覺得電腦系統相當完善，要知道這些系統都是國人自己發展的。

如果檢討國家對於資訊工業的政策，不難發現很多國家都會盡量採用本國的軟體；理由非常簡單，國家有安全上的考量，如果軟體完全是外國發展的，國家的安全單位往往無法得到合法的資料。除此之外，軟體比較不同於硬體，任何單位使用任何軟體，都會有需要請對方做必要的修改，如果軟體是外國廠商的，它的主要工程師在外國，當然在台灣也有一些工程師，可是這些工程師並不能全盤了解當初軟體是如何發展的，因此要修改就很困難。

此外，我們必須重視一個嚴重的事實，那就是很多公眾的安全是和某系統內的軟體有密切相關的，如果當年軟體的設計不夠周全，公眾安全極有可能出大問題。但是，因為我們沒有參與這個軟體的設計，實在無法判斷這個系統是否安全，因此之故，很多國家都不採用外國軟體。

希望政府了解，採用國人自製的軟體，乃是合情合理的事，無論從國防、國家安全以及軟體改良上，我們都應將國人自製的軟體給予優先考量，尤其重要的是，很多管理上的軟體，事實證明，國人有絕對把握，可以完全自製，政府應採取策略，使軟體工業能在政府支持下，得以壯大。

我們也應該坦白承認，我們在很多需要數學的軟體上表現得不夠好，如繪圖軟體就是一例。政府也應該鼓勵這一類軟體的研發，使我國的軟體技術更上一層樓。

——二〇一〇年八月十四日　聯合報

野心＋耐心　台灣才會贏

三星公司這次再度扮演汙點證人的角色，使我們的面板產業遭遇到一七三億元的罰款，損失非常之大。我們一定認為三星的作法是相當有問題的，因為三星達到了打擊我國面板工業的目的，看起來三星極有可能事先知道可以用這種策略。

國人現在有拒買三星產品的想法，這非常正常，可是這種作法是不太可能有效的，因為我們的廠商也需要三星的採購，民眾可以表示對三星的不滿，工業界恐怕不可能拒絕和三星的來往。

我們應該好好檢討的是，三星並不是一個歷史悠久的公司，它和我們很多公司同時開始，結果是三星成長的速度遠遠超過我國當年和它平起平坐的公司，為什麼？很多人說，這是因為南韓政府大力扶植的結果，這也許有點道理，但政府的扶植絕對不是萬靈藥，如果一個公司努力不夠，無論政府如何扶植，恐怕都無法壯大。

三星所以如此壯大，最重要的是，他有野心和耐心。我們常常對於韓國人的野心深感訝異，有時還有厭惡的感覺，比方說，他們老是要爭第一。很多年前，我們聽到韓國人要賣汽車，總認為不可思議，沒有想到韓國的汽車已經在全世界銷售。韓國的電視業也常暗示他們要打倒ＳＯＮＹ，大家也覺得不太可能，可是韓國一步步實現了夢想。我們只好承認，野心是非常重要的，沒有野心，絕對沒有今天的三星，當然也不會有目前的現代汽車公司。

有野心當然還是不夠的。仔細觀察三星，不難發現南韓是一個有耐心的國家。了解通訊工業的人就會知道，通訊技術的養成要花很多時間，要對ＤＲＡＭ有徹底的了解，需要更多的時間。韓國人的耐心是值得我們注意的，如果光有野心而沒有耐心，任何技術都希望能夠速成，韓國就沒有如此強大的三星。

其實，韓國像三星這一類的公司，不只一個，他們在世界上都越來越有地位。就以通訊產業來說，韓國在通訊協定上的制定越來越有分量，因為很多通訊產品都要符合通訊協定，韓國如果有能力制定通訊協定，他的廠商當然受益，因為他們研發的方向一定符合韓國所建議的通訊協定，這也使得我們的廠商吃很大的虧。

最近一連串事情，使得國人對韓國有過度情緒化反應，國人應該冷靜想想看，我們為什麼在很多方面都已經落後於韓國，我們不能將事情完全歸罪於政府，該檢討的是我們的野心究竟夠不夠。

最近我曾經聽過，經濟部施部長勉勵工研院工程師們要在全世界拚第一，我希望政府不僅勉勵工研院的工程師，也勉勵全國人民有在全世界拚第一的想法。但是要做到這一點，不論政府或是老百姓，仍要實事求是，絕對不能希望能夠在短期內達成，而應好好地靜下心來檢討，我們的工業技術是否夠高。如果我們肯痛下決心，努力工作，實在地提高工業水準，使工程師能夠確切地掌握到關鍵性技術，我們一定會領先韓國的。

我們有相當多的優秀工程師，只要國人有野心、有耐心，政府也有好的辦法，總有一天，會讓韓國人發現，他們遠遠落後於我們。反過來說，如果我們信心不夠，毫無野心，更無耐心，將來只好由情緒性的反應來解決問題了。

——二〇一〇年十二月十一日　聯合報

殲廿試飛　陸工業成就可畏

日昨大陸殲廿戰機試飛，很多人會認為與國防有關，其實，對我們而言，重要的是殲廿的出現，表示大陸在工業技術上又升了一級，這才是該注意的事。

今年是民國百年，舉國上下都有一種歡樂的情緒，這不是壞事，可是我總感到社會沒有該有的警覺心。我們國情非常特殊，我們是一個完全要全力注意經濟實力的國家，而所謂經濟實力，就是工業技術水準。令我擔心的是，社會好像對這個問題毫無興趣。

這一次殲廿的試飛，代表他們在材料領域已經有相當成就。可是我們該擔心的是，他們在電子工業也在突飛猛進。

每一年，有一個電子雜誌會公布最傑出六十家新的半導體公司，在過去，大陸從未有公司上榜，去年年底他們有兩家公司榜上有名，其中，有一家還是半導體設備儀器公司，這代表中國大陸在精密機械上成就不凡，另外一家是半導體線路設計公司。從這些事情上看來，大陸正在急起直追；也許從某一種角度來看，我們在半導體設計方面，仍然領先，但是究竟還能夠保持多久，是一個值得全國上下注意的事。

雖然大陸在半導體設計方面趕得很快，在半導體代工方面卻對我們不是威脅，我們應該感謝台積電的成就。台積電在技術上為何能遙遙領先？答案很簡單，在研究的投資相當大，在製程方面作了極大的努力，我們才可以安心。

古人說：「人無遠慮，必有近憂。」也可以說：「人無近憂，必有遠慮。」如果國家社會一直不注意工業水準問題，無論我們和大陸的關係改好到什麼程度，在不久的未來，都會面臨嚴重的挑戰；但是我們也不是禁不起挑戰的人，問題不在於我們會不會無還手之力，而是在於國家社會對於這個問題有沒有非常的關心。

——二〇一一年一月十三日　聯合報

大陸科技扎根　美國覺醒，台灣該反省了

最近美國歐巴馬總統在國情咨文中特別強調，大陸在科技上的飛躍發展，他將目前的情況和當年俄國發射人類歷史上第一顆人造衛星相比，美國必須急起直追。我們注意的往往是大陸在高速鐵路、半導體工業、通訊工業上的成就，其實重要的是，大陸之所以有這些成就，絕非偶然，他們是的的確確作做了往下扎根的工作。如果沒有這些往下扎根的苦功，我們是不必恐懼的。

要看大陸往下扎根的工作，不妨看看科技研究方面的出版，我並不太熟悉大陸的出版品，可是我發現：機械工業出版社、國防工業出版社、中國電力出版社、人民郵電出版社、科學出版社、電子工業出版社、北京航空航太大學出版

社、西安電子科技大學出版社、清華大學出版社……這些出版社都出版相當多討論實用性科技的書籍。

因為我是學電機的，我曾經在服預備軍官役時，對雷達很有興趣，所以我稍微看了一下這些出版社所出版關於雷達的書籍，我只有一句話可以形容我的感覺：「他們做的研究的確是在往下扎根。」為什麼呢？因為科技發展不能只看別人做出來什麼，而是要將別人到底如何做的，弄得一清二楚。

我現在舉一些例子：

有一本書討論雷達的環境和電波傳播的特性，這兩者有密切的關係，而電磁波傳播的時候，會因為地球以及太空的環境而有所不同。比方說，電磁波碰到樹林的話，它的傳播就會有各種的問題，在海上傳播有更複雜的問題。

這本書長達四百多頁，將各種傳播的問題都討論得非常徹底，和這一本書有關的就是電磁環境的基礎，當然這本書是寫給內行人看的，但是也算是深入淺出，尤其有關於天線的原理，更是講得很清楚。我覺得大陸顯然很重視電磁學，而遺憾的是，在我們國家重視電磁學的教授和專家已經不多了。

和電磁學有關的一個大學問是電磁脈衝，大陸也有有關電磁脈衝的書，詳細介紹電磁脈衝的原理。有關雷達的，我至少還找到兩本有趣的書，一本是超視距雷達技術，所謂超視距乃是因為地球表面是有弧度的，所以不能看得非常遠，如果雷達訊號的傳送距離要很遠，這種超視距的雷達就變得非常重要。另一本書是有關於精密雷達追蹤的原理，這本書中也有追蹤所用的線路圖。

最令我大吃一驚的是，大陸居然有人對先進國家的儀器（如示波器）也作了徹底的分析研究，並且也寫了書。

我一直提倡往下扎根的重要性，我也一直希望我們的國家社會能重視科技的發展，美國總統已經正式地提醒美國人要再度投資在科技發展上，可是我們必須知道，如果我們不能徹底地知道先進國家已有的技術，而成天高唱創新，我們是不可能有好的成就的。大陸的這些出版品充分顯示他們在作往下扎根的工作，而且作得非常徹底，我們不能不反省了。

——二〇一一年二月十六日　聯合報

我不迷蘋果　我是ASML迷

最近我在高鐵聽到隔壁一對年輕人的談話，內容全部都是有關蘋果公司的產品，我真沒有想到他們對蘋果公司的產品如此地死忠，一個產品，男女雙方都可以談上十幾分鐘，對於產品的性能更是知道得一清二楚。

後來，他們抬頭看到了新竹高鐵車站的大廣告，作廣告的公司是ASML，那位女士問，ASML是什麼公司？那位男士說他從來沒有聽過，而且他說，這一定不是一個有名的公司。其實ASML是全世界幾家最重要的半導體儀器公司之一，如果要排名的話，ASML絕對可以排在前三名。

半導體儀器相當精密，精密程度常常以奈米來算，世界上能夠做重要的半導體設備的公司不多。ＡＳＭＬ是荷蘭公司，荷蘭是小國，可是它有這樣一家可以稱霸全世界的公司。蘋果公司的手機或平板電腦價格最多是兩萬台幣左右，ＡＳＭＬ的產品都是以億計，有的恐怕已經到了十幾億台幣一架。能和蘋果公司競爭的產品相當之多，不論手機或平板電腦，台灣都有可以媲美蘋果公司的產品，在全世界這一類產品就更多了，可是世界上能夠和ＡＳＭＬ相競爭的少之又少，我們從來沒有聽說過山寨版的ＡＳＭＬ產品。

我是一個ＡＳＭＬ迷，因為我非常好奇他們為什麼能夠做出如此精密的儀器，其實我不僅對ＡＳＭＬ產品有極大興趣，我對任何一種性能特別好的工業產品，既好奇又羨慕。不僅我對精密儀器好奇，我的學生也個個如此，所以我常常會知道很多又新又好的產品，久而久之，就迷上了這些東西。

也因為如此，我慢慢地發現，我們國家也有很多公司在默默地發展一些相當不錯的產品。舉一個例子，我們可以想像得到一枚鑽孔用的鐵針，肉眼看它是一根針，其實它的尖端是螺旋狀的，用久了，針頭被磨損了，必須重新再磨一次，可是這一根針的針頭非常細，重新打模的角度必須絕對正確，否則就會磨壞。我們已經有這種磨針的精密儀器，而且我也發現，這個儀器所需要的技術包含光學、影像處理以及控制等，學生聽到工程師對儀器的解說，都感到極為有趣。

我還看過一個奧地利公司生產的掃描器，奇妙的是，它可產生3D影像，我們同學又在討論這是怎麼做到的。

我們的年輕人，最好將眼光放得更遠，應該注意世界上最昂貴的工業產品，而不要只是注意受一般民眾注意的產品，很多國家能保持繁榮，是因為他們有能力做出一些別人不會做的產品。我們做老師的，也應該常常向同學介紹這些產品，更應該將國內的高門檻科技介紹給同學，如果我們的年輕學子都迷上了這些高門檻的科技，台灣也可能會有一家ASML的。

——二〇一一年三月五日　聯合報

為什麼很多美國品牌消失了？

美國的債信是否是ＡＡＡ，大家可能意見不同，但是美國國力是在衰退之中，卻是大家公認的事實。對於年長的我，這真是不勝唏噓。二次大戰結束的時候，美國是一個如何強盛的國家？談到電腦，我們只知道美國電腦，所有的家電，也都是美國貨，電視機、音響、電冰箱、冷氣機都是美國牌子，到了現在，我們的年輕人在店裡很難買到ＲＣＡ、奇異、西屋、惠而普等家電了。

為什麼很多美國品牌消失了？我們不妨從企業成本來看，任何企業都要用人，以資淺工程師而言，美國資淺工程師的薪水是台灣資淺工程師薪水的五倍，資深的，大概至少三倍。美國沒有全民健保，企業必須替員工買保險，而美國的醫藥費用卻又高得出奇，一次剖腹生產，住院三天，費用可以高達十萬美元，可以想見的是要在美國開一家公司，它的成本比在台灣高得多。如果公司擁有極高的技術，這家公司仍能生存的。

問題是：美國的技術已經不能再稱霸世界了。我們不妨看看美國的一所極為有名的研究單位：貝爾實驗室。貝爾實驗室曾經產生過七位諾貝爾獎得主，電晶體就是在這裡做出來的，貝爾實驗室對通訊技術的貢獻更是輝煌。

但貝爾實驗室幾乎從科技界消失了，目前的學生仍會讀到貝爾實驗室的論文，但這幾乎都是從前的論文。我曾看到一張貝爾實驗大樓庭院中雜草叢生的照片，這真是一張令人難以想像的照片。

美國走下坡，與他們的不重視科技有很大的關係。美國的華爾街吸引了美國的菁英份子，有一所美國明星大學的機械系，四十人畢業，只有三位在作機械工程師，其他的全部從事金融業，因為金融業的薪水高得多了。

美國的政府官員多半律師出身，他們也不對科技有什麼認識，如果一所美國銀行垮掉了，美國政府會救，大公司垮了，政府也會救，但一所研究單位不再作基礎研究了，美國政府不聞不問，他們無法了解研究對美國的重要性。

相較於美國，中國大陸的政府官員卻充分表示了他們對科技發展的重視，大陸目前的十二五計畫，以及最近他們所發表的新十八號文，都在在表示中國大陸的科技是會向上發展的。

另一個重視科技的國家是德國，難怪德國的經濟表現得非常好。在大家大談如何減少政府開支的時候，德國政府仍在科技上大量投資。

我們都希望自己國家的經濟好，經濟要好，國家必須有競爭力，國家的競爭力絕對建築在工業技術之上，如果政府了解這一點，就應該在科技上作大量的投資，因為我們的企業畢竟規模太小，無法在研發上作大量投資的。如果政府對科技沒有什麼興趣，我們也就不可能有什麼競爭力了。

但是，千萬要注意，大陸政府是非常重視科技的。

——二〇一一年八月十六日　聯合報

台灣有的是愛心富豪！

最近，我常常看到文章，好像在說我們國家的富豪只會捐政治獻金，而不會做善事。我實在替台灣的富豪叫屈，我們不能看捐的多少，而應該看他所捐的，是不是他儲蓄中重要的一部分，更應該看看他是否非常尊重受捐贈的人。

我們國家有很多公益團體，在替弱勢的人服務，大家只看到他們的工作，但常不知道這個團體是如何成立的。這個團體的負責人又往往是教授，絕對不可能是由他自掏腰包成立的，因為要做這種事情，少說也要七八百萬，很少教授有這個能力，而且這才開始，每年可能都要這麼多錢。

這些團體成立之初，往往是一兩位有錢人士捐的錢，值得注意的是，這一兩位善心人士，不僅社會大眾現在不知道他們是誰，將來也永遠不會知道。這一種人，捐助的動機，當然不是為了節稅，因為他們也常捐錢到國外去，無從節稅也。

台灣有的是公益團體，這些公益團體，幾乎全靠台灣的善心人士捐獻存活，這些人捐了錢，這些公益團體也不太會替他們敲鑼打鼓地宣傳；善心人士很少要求被捐獻的團體如此做。

有一次，我去一個團體演講，演講完了，走出演講廳，在飯店大廳中遇到一位婦人，她遞給我一個信封，轉身就走，信封上寫：捐給博幼基金會，可是沒有姓名，當然也沒有地址。我以為她是那一個團體中成員的太太，可是大家都說並不認識她。

還有一次，我收到一封信，信裡面夾了一張發票，然後說這張發票中了獎，但是他要捐掉，由我決定捐給誰，信上沒有留下名字和地址，從信封郵戳看來，是從台中寄出的。我將這張發票交給了一個天主教會辦的兒童中心，事後我才知道，這個獎是二百萬元。

還有一次，在一個公益團體看到一家電子公司的老闆，和這個團體的負責人談話，事後那位負責人告訴我，這位老闆來問他，希望得到多少錢，他說了一個數目，那位老闆捐了他兩倍的錢。

我一直認為，台灣是一個充滿愛心的地方，不分貧富。有一個團體，要照顧很多的人，可是每個月的伙食費卻又非常之少，政府知道這個團體裡面的伙食是很好的，但不了解為什麼財務報告中，伙食費如此之少。後來發現，這團體座落在鄉下，這裡的人常常會捐柴米油鹽，伙食費因此就不多了，因為所用的材料，都是人家捐的。

我又知道有一個團體，他們每個星期日就會有人送相當好吃的麵包來，已經送了幾十年，幾十年來如一日，這位善心人士也從來沒有希望大家知道。

這個年頭說台灣好話，並不是一件流行的事，但是台灣有的是默默行善的人，這卻是鐵一般的事實，我們不該不知道。

——二〇一一年二月十一日　聯合報

佛州小火，燃起世界仇恨

這幾天，在阿富汗的坎達哈省，爆發了嚴重的抗議活動，伊斯蘭教的激進分子燒毀了當地的聯合國基地，殺死了七位聯合國外國籍職員。

這場暴動是因為一位美國的牧師在佛羅里達州燒毀了一部《可蘭經》，這位牧師去年已經要燒毀《可蘭經》，但是美國駐阿富汗的總指揮官勸阻了他，因為如此做，一定會引起阿富汗人的強烈反彈，沒有想到三月二十日，他舉行了一個對《可蘭經》的審判，審判的結果是《可蘭經》有罪，而懲罰的方法就是燒毀。

這次燒毀的行動，並未引起太多人的注意，可是在巴基斯坦，已經有暴民為了報復，攻擊當地的天主教堂，而迫使巴基斯坦當局出動警察保護教堂。前幾天，阿富汗的一位伊斯蘭教長老，對美國的焚燒《可蘭經》一事，甚表憤怒，也引起了當地人民的憤怒，因為城裡面沒有美國人，他們將怒氣發到聯合國的組織，因為聯合國中有相當多的外國人，這些外國人完全是無辜的。

諷刺的是，坎達哈省被阿富汗總統列為已安定地區，而且在近期內，要將外國軍隊從這一地區撤退，改由阿富汗本國軍隊接管。沒有想到，遠在佛州的一場小火，會引起如此大的暴動，也使得美國歐巴馬總統兩次發表談話，對他而言，這個事件可能改變了美國在阿富汗的情勢，不僅美國人在阿富汗處於危險，所有在阿富汗的西方人士，都已感覺到不安。

佛羅里達州的牧師，究竟為什麼要做這件事，我們實在無從知道，而他事後一點也不認錯。對於我們來說，這位牧師至少要知道，他這種作法會不會引起世界上更多的仇恨，好像他對這一點滿不在乎，這實在是我們不能了解的，因為基督教義很重要的一點，就是我們不能使世界有更大的仇恨，我們要知道仇恨可能毀滅這個世界的。

遺憾的是，在這個世界上，依然有很多人有意無意地做了很多事情，使得世界上的仇恨與日俱增，以那位佛州的牧師而言，他認為他是在替天行道，而沒有絲毫想到他的作法會引起巨大仇恨，這一場小火，一旦燃起，即可燎原。

我們必須要設法在這個世界增加不同宗教、不同種族之間的諒解，因為這個世界上，似乎很少人在做這種增加諒解的工作。如果這種情形繼續下去，世界會越來越不安。那幾位聯合國的職員，到阿富汗去，絕對是為了阿富汗人民的福利而去的，他們變成了死亡攻擊的對象，僅僅因為他們是西方人，可見得西方國家絕對應該用盡各種方法來減少仇恨，增加諒解。至少他們應該知道目前他們做的很多事情，都可能使仇恨增加。他們實在不能不知道，星星之火，可以燎原也。

——二〇一一年四月七日　聯合報

凡白白得到的，必要白白付出（後記）

又是收到賀年卡的時候了，今年，對我而言，真是一個特殊的年。

七月十七日，我睡覺前，忽然感到背痛，痛得我一晚沒有一分鐘可以入眠，早上六點，我實在吃不消了，請太太開車送我到附近的馬偕醫院去看急診，那位值班的醫生立刻查出我有心肌梗塞，他找來的心臟科醫生說要替我裝支架，可是當天是星期日，沒有這種醫生，已替我到台北去找。幸好，不久以後，他們找到了一位醫生，四十分鐘內，我的身體內多了一個人工的玩意兒。支架是從我手腕上的一個小洞送進去的，只要在小洞附近打點痲藥。我實在佩服現代醫藥技術上的神奇。

裝了支架以後，我太太告訴我，她得到了我的病危通知書，我才知道事件的嚴重性，我被送進了加護病房，這是我有生以來第一次住院，沒有想到第一次住院就住進了加護病房。一個小時以後，我的背痛就完全不見了，可見得當時的背痛一定是心臟的反射作用，如果我碰到了一個庸醫，他頭痛醫頭腳痛醫腳，我一定一命嗚呼矣，可見我平常一再強調一切要從基本做起乃是有道理的事，任何病痛都要找到病痛真正的來源，工業技術不好，必須找到不好的原因，大學生程度不夠好也必須找到不夠好的原因，而不能想出一些治標的方法來敷衍了事。

在加護病房裡，要來看我一天只有兩次，可說是門禁森嚴，但是天主教神父可以隨時進入，來看我的其實是一位主教，他替我做了傅油聖事，這是我身為天主教徒的一個莫大好處，很多人看到我在病床之上，仍然在講笑話，沒有什麼痛不欲生的樣子，都有一點奇怪，大家不知道我是天主教徒，經過傅油聖事（有點像臨終聖事），心中的平安是非教友所能想像的。

在加護病房中，我有發燒的現象，甚至於有天還高到了三十九度，我自己是一點感覺都沒有，因為反正都在睡大覺，醫生也不覺得這是一件大事，因為他仍然幫我搬出了加護病房，到了普通病房，然後我的燒也慢慢地降下來，有一天我又被推出病房，去接受心臟超音波的檢查，主治醫生也親自指揮，我聽到他對護士說，「你看，這就是Dressler syndrome。」我偷偷記了下來，打電話給我太太，叫她上網去查何謂Dressler syndrome，她後來給我看Dressler syndrome者，乃是心臟受損以後的輕微後遺症，心臟外膜會積水，可是幾天以後就會好，果真事後我一點問題也沒有了。

在醫院中，什麼都好，唯有伙食實在淡而無味，有一天我實在忍無可忍，拜託一位過去的同事，幫我買了一碗大滷麵來吃，吃得津津有味的時候，醫生正好進來查房，被他逮個正著，可是反正我已經吃掉了一大半，他也就算了。

出院以後，其實我仍然是很虛弱的，我記得出院的一天以後，我的咳嗽就停掉了，我記得我立刻寫信告訴我的哥哥和弟弟，可是我有兩個問題，第一，我無法唱歌；第二，我無法跑步，可是其他的事情我都慢慢地恢復了。有一天我去望彌撒，忽然之間我發現我可以唱歌了，真是非常高興，可是我仍然沒有力氣跑步，有一次我的學生陪我出去散步，走得比較遠，要回來的時候，一定要經過紅綠燈，走到一半，綠燈變了黃燈，我的學生就開始快步，然後他立刻發現我無法做到也就慢了下來，冒了生命的危險走完一半的馬路，有一天家裡的門鈴響了，我就跑去接，從此以後我就可以打網球了。

說起來也丟臉，自從我發現我可以打網球以後，就常常去打，有一天，打得不亦樂乎的時候，工研院的資電所吳所長到球場來，說我根本當天應該開會的，我只好回家換衣服和他一起去開會，我只知道有些學生上課的時候偷偷去打球被老師抓到，沒有想到老人也會鬧這種笑話。

得了心臟病最大的害處是太太下令很多好吃的東西都不能吃了，尤其嚴令禁止的是東坡肉，我常常夢中夢到的都是東坡肉。

當然我在醫院的時候，會想到我的一生，我知道我是絕對的幸運者，雖然不能算是含著金湯匙出生，從任何一個角度來看，我都是運氣好得不得了的人，因此我想起了《聖經》上的話：「凡白白得到的，必要白白付出。」在我的剩餘的日子裡，我一定要好好地幫助那些不如我幸運的人，這種人多的是，我當然沒有能力解救天下蒼生，但是周遭還是有很多人是我可以幫忙的，我感到幸運的是，我一直喜歡教弱勢的小孩子念書，而且我從內心的深處感到這一種教書的喜樂，我在聖誕節快到之前，特別表示我對天主的感恩，因為祂使我得到這一種特別的恩典。

有一位大作家曾寫過一個故事，叫做〈幕永不落下〉，對我而言，應該是「幕已開始緩緩落下」。

在這裡，向各位拜年，也祝賀各位平安喜樂。

二〇一一年十二月二十一日

九歌文庫 1107

下一站

作者　李家同
責任編輯　陳逸華
發行人　蔡文甫
出版發行　九歌出版社有限公司
臺北市105八德路3段12巷57弄40號
電話／02-25776564・傳真／02-25789205
郵政劃撥／0112295-1
九歌文學網　www.chiuko.com.tw
印刷　晨捷印製股份有限公司
法律顧問　龍躍天律師・蕭雄淋律師・董安丹律師
初版　2012（民國101）年3月
初版3印　2012（民國101）年7月
定價　280元

書號　F1107
ISBN　978-957-444-813-5
（缺頁、破損或裝訂錯誤，請寄回本公司更換）

國家圖書館出版品預行編目資料

下一站 / 李家同著. – 初版. --
臺北市：九歌, 民101.03

面； 公分. -- (九歌文庫 ; 1107)

ISBN 978-957-444-813-5(平裝)

078 100025659